JN000398

実践事例からわかる
現場対応のヒント

ベテランケアマネジャーのひきだし

「難しい」と感じるケースに
直面したら、何をする？

山内知樹

第一法規

はじめに

「あなたは子どもに、ケアマネジャーは素晴らしい仕事と言えますか？」

これは、私がケアマネジャーの更新研修の講師をしているときに、受講しているケアマネジャーの皆さんに、いつも聞く質問です。多くのケアマネジャーがそんなふうに子どもには言えないと答えます。残念ながら、今、現場で働いているケアマネジャーにとって、誇りに思える仕事にはなっていないようです。

しかし、私は、ケアマネジャーの仕事は、他のどの仕事と比べても、引けを取らない素晴らしい仕事だと考えています。

日本では、介護が必要になったときには、在宅であろうと施設であろうと、その人の担当として、ケアマネジャーが要介護者一人ひとりにつきます。ほとんどの場合、人生の最期には、自分の担当ケアマネジャーが亡くなるまで寄り添ってくれます。

そもそも、年を取っていくとどうなっていくでしょうか。

年を取るということは、喪失感との闘い、孤独との闘いと言えます。

退職すると、仕事や役割を失い、収入を失い、立場や経験による他者からの尊敬や承認の機会を失います。そして、友人を失い、兄弟を失い、配偶者を失います。子どもに先に逝かれることもあります。自分をよく知ってくれている人が亡くなるのは、自分自身が欠けていくようなものであり、どんどん孤独を感じるものです。

年を取るともちろん、自分自身の健康も失います。治らない病気と闘うだけでなく、できることがどんどん減っていきます。買い物に行けなくなったり、自分でお風呂に入れなくなったり、自分で食事の用意もできなくなります。認知症になり、自分で自分のことを決められなくなるかもしれません。多くのことを他人の世話や介護を受けなければならなくなります。人としての尊厳も失うかもしれません。

人は、この喪失感との闘い、孤独との闘いを経て、死に至るのです。

でも、日本は、孤独に死ねない国なのです。日本には、孤独に死なせないしくみがあります。そのしくみこそ、介護保険制度であり、ケアマネジャーの存在なのです。

私は、人生は幸せを手に入れる旅だと思っています。ケアマネジャーは、その人の人生の最期のときに、「あなたの幸せを共に考えますよ」と伝え、その人に向き合い、寄り添い、その人の人生に意味を持たせ、その人の幸せにとことん付き合います。

こんなに価値があり、素晴らしい仕事があるでしょうか。

私は以前、地域包括支援センターで所長をしていて、そのときいわゆる困難事例を一緒に頑張ってくれるケアマネジャーが少ないことに困っていました。虐待のケースやゴミ屋敷のケースなど、他で断られるような様々なケースを安心して依頼できるケアマネジャーや事業所があればどんなにいいかと常々感じていました。5年前にタイミングがあり、今まで一緒に働いたことのある気心の知れた仲間と会社を立ち上げ、介護サービス事業所を始めることができました。

どうせやるならと、今まで考えていた、どんなケースでも受ける、困ったときに、最後になんとかしてくれる、いわゆる「駆け込み寺」のような、地域のセーフティネットとしての役割を果たせる事業所を作ることにしました。ですから今は「どんなに忙しくても、困って途方に暮れて相談に来たケースは断らない」をモットーに事業所運営をしています。

本書で取り上げた10の事例は、困難事例を一手に引き受けてきた私でも特に思い入れがあるケースです。利用者や家族への対応は百態ですが、その人が幸せを手に入れるにはどうしたらいいか、という一点を追求する意味では同じです。

本書は、ケアマネジャーになりたての人が、利用者の支援で困ったとき、経験があるケアマネジャーはこんなことを考えているのかとか、困難ケースを担当したときはこんな支援をしているのか、ということを肌感覚で読んでもらうために、他の利用者のエピソードを織り交ぜたり、固有名や状況を加工したりして個人情報に配慮しつつ、実際に私が担当したリアルな経験をわかりやすい言葉で書きました。また、そのなかからケアマネジャーとして押さえておいてもらいたいポイントを「かかわりのヒント」としてまとめました。

また、なるべく専門用語は使わずに平易な説明を心掛けたので、福祉に関係のない人やケアマネジャー以外の人にもケアマネジャーの仕事を知ってもらうきっかけになれば幸いです。

日々大変ななか、頑張っているケアマネジャーへの応援になり、ケアマネジャーが、私たちは素晴らしい仕事をしているんだという誇りを持つことに、少しでもお手伝いができたら、こんなにうれしいことはありません。

2023年6月

著者

目次

※本書に登場する利用者や家族等はすべて仮名です。

1

徘徊と近隣トラブル、認知症独居高齢者の在宅限界点はどこ?

- ●89歳、女性、認知症、両側性変形性膝関節症で要介護2
- ●「徘徊」による警察からの頻繁な連絡
- ●ボヤがきっかけで、近隣から退去の署名運動が起こる
- ●認知症独居高齢者を見守り支えるまちづくり

警察からの頻繁な徘徊の連絡

「山内さーん、小牧さんの件で警察から電話でーす。また、家に帰れなくなっていたみたいですよー。」

事務所の職員からケアマネジャーの私宛てに電話の取次ぎがあります。職員も警察からだというのに慣れたもので、デイサービスからの電話ぐらいの軽い感じです。警察と話をすると、小牧さんが徘徊していたので、交番で保護しているとのこと。もう何度めかわかりません。

小牧さん（89歳、女性、要介護2）は、公営住宅の4階に1人で暮らしています。アルツハイマー型認知症と、両側性変形性膝関節症を患っています。夫は子どもが小さいときに亡くなり、1人で仕事をしながら子育てをしましたが、その1人息子の長男とは疎遠で連絡先すらわかりません。年金は少しありますが、国の定めた最低限の生活費には足りず、生活保護を受給しています。膝の痛みがあり、シルバーカーを頼りにゆっくりと歩きます。

少し前までは、１人で外出してもちゃんと帰ってこられたのですが、１か月前に大きな転倒事故を起こしてからは、家に帰れないことが出てきました。

この大きな転倒事故は、目撃した近所の人の話によると、公営住宅の前の坂で派手に転がるように倒れたようです。頭を打ち、顔からも出血があり、お岩さん状態。見ていた人が救急車を呼び病院に運ばれました。病院で検査した結果、幸い頭部に異状はなく、骨折もありませんでした。全身打撲と顔の傷、手足の内出血があり、痛み止めをもらって帰ってきました。もちろん病院には、私が迎えにいき一緒に家に帰りました。本人は転んだことは、まったく気にしていない様子で、「大丈夫や」とのんきなもの。「病院に無理やり連れていかれてえらいことやった。もう病院はこりごりや」と言っていました。ただ、この転倒事故のあと、冒頭のように頻繁に交番のお世話になるようになったのです。

警察に何度も呼ばれるようになって、しばらくしたときに、外を歩いている小牧さんを偶然見かけたことがありました。気になってあとをつけてみたところ、シルバーカーで休憩したあと、家とは違う方向に歩きだしました。歩いているうちにどこかわからなくなり右へ左へと道をのぞきこみながら曲がっていきます。しばらくすると、またシルバーカーに座って休みました。そこで私は近づいていって声を掛け、一緒に家まで帰りました。転倒事故で全身を打撲してからは身体中に痛みがあるようで、歩く速度も落ちて歩行状態が悪くなり、明らかに認知症の人の徘徊のように見えるようになったことで警察へ連絡されるようになったのかもしれません。実は時間をかけると1人で帰ることも多いのではないかと思いました。

ただこのあとは警察からの呼びだしが月に1~2回はかかってくるようになっていました。

大変な人と聞いたうえでのかかわりの始まり

私が小牧さんを担当するようになったのは、転倒事故の2年前です。地域包括支援センターが民生委員から相談を受けて介護保険の申請をすることになり、要介護1の認定が出たため、私に話がきて、担当となりました。元々の民生委員からの相談は、お金の件で近隣トラブルになっている人がいるというものでした。トラブルの内容は、小牧さんが近所の人にお金を借りて返さない、近所のスーパーでお金が

かかわりのヒント

BPSD（行動・心理症状）には理由がある

多くの人は、認知症の人が道がわからなくなっていることを「徘徊」と言いますが、私は認知症の人に徘徊という言葉を使わないようにしています。徘徊は「どこともなく歩き回ること」ですが、認知症の人も家を出るときは、目的や理由があって外出します。小牧さんも買い物という目的があり、途中で休憩して座ったりすると次に行く方向がわからなくなり、道を探すうちにいつもの道ではないところに迷いこんでしまいます。認知症の徘徊、暴力、異食などは、BPSD（行動・心理症状）と呼ばれます。以前は問題行動と呼ばれていました。BPSDには理由があります。暴力は身体的不調、異食は孤独感からくることが多いのです。BPSDを問題行動と決めつけるのではなく、つらいのは本人であると考え、理由を探り、解決していくかかわりが大切です。

ないが売ってくれと騒ぐ、1度台所で鍋を黒く焦がすボヤを起こして大騒ぎになったことがある、認知症が進んでいるのではないか、といったものでした。地域包括支援センターからは、「認知症独居の人で近隣トラブルがあり、かかわりが大変かもしれない、在宅生活を続けるのも難しいかもしれないけど、よろしく」と笑顔で引継ぎされました。

実際関わると、身体的には、歩行は危なっかしく転びそうでしたが、家の中は伝い歩き、外出時はシルバーカーで出かけていました。このときはまだ転ぶこともありませんでした。トイレも自分でいける、怪しげな見た目がらもなんとか料理もできている状況で、お風呂は入っていないようでしたが特に困っている様子もありませんでした。

短期記憶障害などの認知症はあるものの判断能力はあり、受け答えもしっかりできていますし、自分で銀行にいきお金を引きだしたり、スーパーに買い物にもいっていて、生活全般は自分でできている様子でした。カラオケが好きなこともあり、老人会のカラオケサロンには自分でいっていました。

ケアマネジャーとしては、歩行状態の改善のためのリハビリと入浴、カラオケを

かかわりのヒント

アセスメント　事前情報をうのみにしない

地域包括支援センターから依頼があったとき、「認知症独居の人で近隣トラブルがあり、在宅生活を続けるのも難しいかもしれない」といった事前情報がありました。実際、会ってアセスメントをしてみると、いくつか課題はあるものの十分に在宅生活の継続が可能でした。アセスメントをするときは、事前情報をうのみにせず、先入観を持たないようにして、自分の目でしっかりとアセスメントをすることが大切です。本人のできること、できないこと、していることを分けて理解し、生活の様子の変化をとらえて課題を整理していきます。そして、24時間の生活がイメージできるように確認していきます。また、本人の趣味や努力してきたことなど、今までの生活歴を知ることで本人らしい「暮らし」が理解できます。そうするとおのずと支援方針が見えてきます。

楽しむためにデイサービスにいくことと、家の中が汚く衛生状態も悪かったのでヘルパーに来てもらうことを提案して、提案通りにサービス開始となりました。

問題は病院嫌いで、通院はまったくしていませんでした。介護保険の更新のためには、医師の意見書が必要なのですが、地域包括支援センターの職員とつきっきりで説得してなんとか近隣のクリニックにいってもらいました。そのときに血液検査もしてもらったのですが、意外にも検査結果はまったく問題はなく、介護保険の更新のたびに通院することとなりました。

近隣トラブルのもととなった金銭問題の改善

近隣トラブルの一番の問題はお金の貸し借りでした。このことについては、地域包括支援センターと民生委員とで話合いを持ち、成年後見制度の利用の話も出たのですが、まだ判断能力があり本人も拒否するため難しいだろうという結論になり、日常生活自立支援事業を調整していくことになりました。

しかし、日常生活自立支援事業にもつなげることが大変でした。小牧さんに担当

かかわりのヒント

お金の管理を公的に支援すること

金銭管理を公的に支援してくれる制度があります。日常生活自立支援事業です。判断能力が不十分な人（簡単な契約ができる能力がある人）に対して、地域で自立した生活が送れるように、利用者との契約に基づき、社会福祉協議会が、日常生活での福祉サービスの利用のための援助や、通帳などを預かり金銭管理を支援する制度です。しかし、金銭管理が難しくなっても、他人に通帳を預けるのはハードルが高いものです。結局、支援に来てくれる人がどんな人で何をしてくれるのかが本人の中で理解でき、信頼関係ができなければ制度があっても意味がないのです。またこの制度は、成年後見制度のように代理契約などの法律行為はできませんが、将来的に成年後見制度を利用する必要があるときにも、先にこの制度を導入しているとつなげやすくなります。

の人と何度も会ってもらい、顔なじみになるまで3か月ぐらい私も一緒に関わり、通帳と印鑑を預けることを合意してもらいました。生活保護のお金を毎週分けて渡してもらうことと、お米をヘルパーが毎月買うことにして食べ物がなくならないようにすると、近隣にお金を借りることが少なくなり、民生委員にも相談がいかなくなったようでした。

ボヤがきっかけで、近隣から退去の署名運動が

このような支援のなか、ある程度落ち着いた生活を2年間続けていたのですが、転倒事故を機に一変したのです。「徘徊」で警察に呼ばれるようになって2か月ぐらいたったころ、またボヤを起こしてしまいます。今回は鍋だけでなく壁や天井も黒くしてしまいました。料理をしようと火を付けたまま、近所に食材をもらいにいっていたようです。

このボヤで知ったのですが、遠くまで歩いていくのが大変になったため、自分で買い物にいくことが減ってしまい、近所に食材をもらいにいくことが増えていたよ

うです。近隣では、問題にもなっていたようで、何度も食材はもらうけどお金は払わない、お金の話をすると怒りだすなど、新しい近隣トラブルが増えていたのでした。

ボヤによる近隣への影響は大きく、公営住宅の自治会で議題になり、小牧さんに退去勧告をする意見が出たようです。民生委員が説得しその場はなんとか収まったと聞きましたが、以前お金を貸して返ってこなかった人や、近所で小牧さんに食材の件で理不尽に怒られた人が中心となり、自治会内で小牧さんの退去を求める署名運動が始まりました。民生委員から「署名運動が起きているけどどうしたらいいか」、と地域包括支援センターにも私にも相談がありました。

私としては、引っ越しはどうしても避けたいと考えていました。なぜなら、1つに、引っ越すと家の中も周辺の場所も買い物の場所も新しくなり、新しい場所の理解や対応が難しいこと、2つ目にそのことにより認知症が進行すること、何より本人がこの家での生活を強く望んでいることがありました。さらに言うと、一段階、身体状態が悪くはなりましたが、まだ歩いて外出できていることや、トイレも自分でできていて毎日の支援者のかかわりも必要がない状態なこと、さらに、ボヤのことは本人も気にしており、それ以降続いていないことなど、まだ十分に在宅生活が継続できると状態であると考えていました。

そこで、地域包括支援センター職員と民生委員と相談し、小牧さん宅で話合いを行うことにしました。メンバーは本人、自治会長、近隣のよく関わっている人、民生委員、地域包括支援センター職員、生活保護のケースワーカー、ヘルパー事業所のサービス提供責任者、ケアマネジャーの私です。

自治会の人に在宅継続を受け入れてもらうために話し合った解決策としては、1つはヘルパーの買い物による最低限度の食材の確保で、最低限度というのは本人が買い物は自分でいくと言い切るからです。2つ目はIHコンロの導入でした。1週間はヘルパーに毎日入ってもらい、一緒にIHを使い、本人に使いこなせるように頑張ってもらうことにしました。実は私の心の中では、使い方は覚えられないのではないかと思っていたのですが、小牧さんはIHを使いこなせるようになり、認知症といってもまだまだしっかりと力があるのを改めて知る機会になりました。

この話合いで、小牧さんがこの地域で生まれ、結婚してここで暮らし始めたこと、40代で夫が亡くなってから、1人で働きながら子育てをしてきたこと、夫を病院がちゃんと見てくれなかったことで病院が嫌いなことなどを話してくれました。

そして小牧さんは自分の口で、「私はここに住む、どこにもいかない。自分で頑張る。周りの人もやさしい」「火事はもう出さない」としっかりと発言しました。自治会長も「この団地ができた最初からいるんやし、わしらの先輩やな。こんなにはっきりここにいたいと言っているのに追いだすわけにはいかないな」と言い、在宅生活を協力しようと言ってくれました。

自治会長が、この会議の内容を自治会の会合で話し、署名の件は一旦中止となりました。その後近隣の人の声掛けも多くなり、家まで連れて帰ってくれる人が増え、近隣の見守りのなかで生活を続けることができました。徐々に歩行速度は落ち、横断歩道が時間内に渡り切れなくなっても、近所の通りすがりの人が、横断歩道を渡るまで車を止める誘導をしてくれたりもしていました。ちなみに歩行速度が秒速1mを切ると横断歩道を渡りきることができないことを小牧さんのおかげで知りました。

骨折をきっかけに入院、そして施設へ

2度めのボヤから1年がたったころ、とうとう在宅生活の終わりになる出来事がありました。骨折です。これまでに転倒は何度かありましたが、特に大きなケガもなく頑張れていたのですが、とうとう大腿骨頸部骨折となる転倒をしてしまいました。この骨折で入院し、90歳を過ぎてからの手術となりましたが、手術自体は問題ありませんでした。ただ、病院嫌いもあり、手術前から何度も自宅に帰ろうとし、歩くことができないのにベッドから降りようとして落下することが続き、精神安定剤を処方され、その影響なのか認知機能が低下しました。そこで生活保護のケースワーカーと地域包括支援センター職員と相談し、成年後見制度の利用をすることとなりました。

成年後見の申立てにあたり、市の職員が戸籍を調べるなかで、長男と連絡を取ることができました。なんと長男は病院に見舞いにも来てくれたのでした。長男は近隣市で1人暮らしをしていました。連絡が取れなくなっていたのは、長男の結婚を小牧さん本人に大反対されたことで、それ以降、連絡先も伝えず、縁を切っていた

ようでした。今は、その結婚相手と別れ、母親のことは気になっていたが、けんか別れでまったく連絡を取らなくなっていたことから、顔も出さないようにしていたようです。

そして、小牧さんに成年後見人が付き、退院後は特別養護老人ホームに入所となりました。本人は長男に会えたのがとても嬉しかったようで、施設に入ってからも長男の来所を心待ちにしながら施設生活を送っていました。入院をきっかけに、成年後見制度の話となり、長男と会うことができたのは、まさに塞翁が馬、何が幸いするかわかりません。施設に入所になると私との契約は終了となるのですが、長男と再会し幸せそうに話している様子を見ると、こんな終わり方も良かったんだなと思いました。

認知症、独居高齢者の在宅生活の限界点

認知症独居高齢者の在宅生活の限界点はどこでしょうか。一律に基準を決めることはできませんが、在宅生活を続けていくためには、私は次の3つの視点で見るよ

うにしています。
・身体的な視点
身体的な問題やＡＤＬ（日常生活動作）の状態で独居ができるかどうかの視点です。歩行状態や生活能力など問題となる点はいくつもありますが、独居ができなくなる一番の問題は、排泄です。排泄は、時間を決めてできるわけではないので排泄介助が必要になると24時間介護が必要な状態になる可能性が高く、施設などでの介護の支援が必要になることが多くなります。
・精神的な視点
次に、不安があって人を呼び続ける状態の人は、１人暮らしがしたいと言っても実際１人でいることが難しくなってきます。誰かを呼び続けるような状態は本人が一番つらく、１人でいることが良い状態とは言えないことが多いのです。もちろん、居場所や役割を見つけることで落ち着く場合や、精神科の受診による治療などで１人暮らしを継続できる場合もあります。
・社会的な視点
小牧さんのような近隣トラブルがあると独居生活が難しくなりますが、特に問題なのは、認知症による記憶力低下からの火事です。火事は近隣を巻き込む大きなリスクがあります。火事を起こすリスクが高いようであれば、在宅生活を継続することが難しくなります。もちろん、無理やり追いだされるのは問題ですが、地域の人との関係性がほとんど持てない生活は、より良い生活とは言えません。地域の人との関係性を持ちながら生活を続けていける視点も大切です。

逆に言うと、この3つの身体的、精神的、社会的な状況を調えることができれば、在宅生活は続けることができます。

小牧さんに教えてもらったことは、問題が起きてもしっかりと向き合い、その問題を丁寧に整理し、小牧さんの思いに寄り添いながら、一つひとつ一緒に解決していくことです。さらに、問題を解決していくうちに周りも変わっていき、落ち着いていくということも知りました。そして、人生なので変化があり、本人の望んだ在宅生活にも終わりがあること、でもそのようななか、息子と会うことができ、違う幸せのカタチの可能性もあるということを教えてもらいました。

かかわりのヒント

ケアマネジャーの仕事の範囲

小牧さんを担当していた当時、私はまだ新米でケアマネジャーの仕事の範囲がわかっておらず、小牧さんのような身寄りがいない人に関わるときは、病院に呼ばれて入院同意の署名をしたり、警察に身元の引き取りにいったり、家族のように動いていました。今は「家族ではないため、できないことはできません」とはっきりと関係機関に伝えるようにして、できる範囲でのかかわりをするようにしています。もちろんどうしても動かないといけないときは動きます。警察もこの10年ぐらいで変わり、事前にしっかりと話合い、関係性を作ることで家に送り届けてくれることも増えました。周りを巻き込み、認知症の人を見守り支えるまちづくりに関わることこそケアマネジャーのできることかもしれません。

2

尿まみれで不衛生な家、わがままですぐキレる男性との関係づくり

- 71歳、男性、糖尿病の合併症があり要介護2
- 尿臭漂う汚部屋に1人暮らし
- 薬を飲みたがらず、病院嫌い
- 誰彼構わず怒鳴り散らす男性の価値観に寄り添う

衝撃の尿まみれの家

佐伯さん（71歳、男性、要介護2）の家への訪問は衝撃でした。今までも思い出の家はいくつかありますが、そのなかでも3本の指に入る衝撃度1級品の家です（御三家の残り2つは、常にゴキブリが10匹以上見えているゴキブリ屋敷の家、膝上までゴミが詰まって家の中で山登りをするゴミ屋敷の家です）。まず分譲マンションの1階の一室なのに、玄関の近くに来るだけですさまじい尿臭がします。正直この同じ棟の人は生活に支障がないのだろうかと思ったのが最初の印象です。

佐伯さんの相談は地域包括支援センターからでした。元々別のケアマネジャーが支援していたのですが、佐伯さんがそのケアマネジャーとうまくいかず、自分で知人の自治体議員に「他のケアマネジャーに代えてくれ」と相談し、議員から地域包括支援センターへ連絡がいき、その流れで私に話が舞い込んできました。

今回、ケアマネジャー交代の挨拶となる初回の訪問に一緒に同席したのは、地域包括支援センターの職員と佐伯さんの知人の議員です。玄関の前から尿臭がするのですが、チャイムを鳴らし、家の玄関を開けると、さらにもわっとひどい尿臭がします。中から本人の声が聞こえ、「そこら辺のスリッパでも履いて、中に入ってください」と言われました。わがままですぐ怒ると聞いていたのに、聞こえてくる穏やかな口調に驚きました。

玄関を開けると、手紙やチラシが散乱し、スリッパがいくつかばらばらと置いてあり、そのスリッパを2つずつ揃えて履いて中に入りました。スリッパも少し湿っている感じでした。家は2LDKで、物だらけの部屋と和室があり、キッチンとリビングが続いていて、本人はリビングのマッサージチェアに座っていました。部屋の中は、食べ物のかすやバナナの皮、卵の容器、流しには洗えていない鍋と食器が積み上げてあり、置いてある炊飯器の中はカピカピのご飯とゴキブリの死体がありました。歩いている床は湿っており、壁も壁紙が剝がれ、至る所が汚れている感じでした。机といすがあるのですが、机の上にも物があふれており、いすの上にも脱ぎかけの服や物が重なっていました。

家具は少ないですが、ゴルフのクラブや壊れた扇風機が散らばって置かれ、そのリビングの隣の和室には上下とも茶色く汚れている布団が敷いてありました。

佐伯さんと挨拶をして少し話し始めると、前のケアマネジャーの話題となり、すると佐伯さんは急に怒った口調で大声で、「前のケアマネはあかんわ。あいつは話していても調子いいことしか言わん。医者としゃべっていたときもニヤニヤして、ああいうやつは信用ならん」とまくしたてました。しかし議員がその話はまた今度にしようと佐伯さんに話しかけると、佐伯さんは急に声を変えて、「先生、すみませんね。忙しいのに来てくれて」と丁寧に別の話題を話しだします。この人は相手に合わせて対応を変えることができる人だなと感じました。

いすを持ってきて座るように促され、いすの上の物をどけてそれぞれ座ったのですが、いすの上も茶色く汚れていて正直座るのにも抵抗がありました。議員はスーツなのに気にせず座っていたのが印象的で見習わないといけないなと思いました。

話を聞きながらアセスメントを深めていくと、医療的な問題点を感じました。佐伯さんの病気の経過を聞き取ってみると、40歳で糖尿病を患い、もう30年になります。65歳のときに慢性骨髄性白血病が見つかり、さらに2年前に脳梗塞を起こしています。今は糖尿病性の合併症の網膜症や神経症も出てきて、目があまり見えない、手足のしびれがある、握力がないなど、身体的な問題が起きています。透析はまだ必要ないと言われているようですが、本当のところは医師への確認が必要そうでした。仕事で製薬会社に勤めていたようで、その影響で、薬は飲みたくないと考えており、医師が処方する薬はほとんど飲んでいません。インスリンも自己注射していますが、ちゃんとできていない様子です。佐伯さんの持論は「白血病は40度の風呂に入ったら治るんです。入浴療法と言うんですわ」というもので、訪問中何度も「入浴で治すためにデイサービスの利用を頼みます」とお願いされました。

糖尿病の合併症は進んでいるようで、正直、治療をちゃんとしていないことへの心配があるのですが、処方通りの内服は到底難しいと感じました。一応、弱腰ながら、訪問看護による体調管理も勧めてみたのですが、「看護師に何がわかる」と一蹴されてしまいました。

なかなか衝撃の初回訪問でしたがその後も大変でした。数日後1人で契約にいったのですが、契約内容に細かくつっこみがあり、「お金はどうなっている」「なんで毎月来るのか」「何してくれるんや」ときつい口調で言われました。やはり議員がいないと態度が違います。でも、そんななかでしっかりと付き合い、一つひとつ丁寧に説明すると納得し、「やっとケアマネジャーの仕事がわかった、前のやつはまったくこんな話をせんかった」と喜んでくれました。最後には握手で「よろしく頼みます」と言われたのが嬉しかったです。佐伯さんとの関係は、うまくスタートできたようでした。

誰にでもキレる佐伯さん

せっかく関係性ができつつあるので、ケアマネジャーとして、生活と体調を維持するためにいろいろとサービスを調整しようと試みたのですが、苦難の連続でした。交代してまず、利用しているデイサービスの喫茶のお茶の出し方がなっていないとデイサービス中にキレました。佐伯さんが怒鳴り散らしたので、他の利用者が怖がり、デイサービスから佐伯さんに、今後の利用は難しいと言われました。

佐伯さんにとってデイサービスは、本人の言う「入浴療法」の場なので、利用できないことには到底納得できず、さらに激情に駆られた佐伯さんは、「管理者を呼べ」と怒鳴り散らし、ケアマネジャーの私も呼ばれる羽目になりました。

デイサービスの相談室でデイサービスの責任者と佐伯さん、そして私とで話合いになりました。最終的にはデイサービス側は受け入れ拒否でした。佐伯さんは「訴

かかわりのヒント

制度を国の決まりだからと押し付けず理由を伝える

国の制度に文句を言う人への、契約時にうまくいく秘訣としては、「国の制度なので決まりです」と押し付けるのではなく、ちゃんとした理由と自分たちの気持ちをあわせて伝えるようにしています。たとえば、毎月の訪問をなぜしないといけないのかについては、サービスが適切に行えているか、体調に変わりないか、支援全体がケアプランの目標に向かっているかの確認がケアマネジャーとしての業務であるという理由を説明します。同時に、運営基準に書いてあって、私たちは法令を守らなければならない立場で、「やらないと法令違反になってしまい行政の指導が大変なんです」とか、「何十件と持っていると毎月の訪問も大変なんですよ」と実際の話を伝えると、「あんたらも大変やな」と受け入れてくれたりします。

える」と騒ぎながら、私と一緒にタクシーで帰りました。

私は、すぐ違うデイサービスを探し、佐伯さんの家の近くの個浴（家庭にあるような1人で入る浴槽）で柔軟な対応をしてもらえるデイサービスに無理を言ってお願いしました。今までのところより近く、送迎を使わず自分で歩いて利用することになりました。入浴の時間のみの利用をしたいという本人の注文にも柔軟に対応してもらい、本来であれば1日の利用になるところを、2～3時間の利用とすることになり、介護保険の利用の枠があるなか、1回あたりの単位数が少なくなり、その分回数を増やすこともできたので、本人もとても満足な様子でした。調整した私が正直、こんなわがままを聞いてもらえてびっくりでした。

しかし、佐伯さんがキレるのはデイサービスに限りません。生活保護を受給しているのですが、生活保護のケースワーカーにキレる、来ているヘルパーにキレる、ゴミの個別収集を調整したらクリーンセンターの人にキレる、と誰彼構わずキレているようでした。ただ、本人の中では理由があり、他の人には理解しがたいものではありますが、一応本人なりの筋が通っているように感じ、その筋をしっかり聞きながら関わるようにしました。まあ、そうは言っても調整する身にもなってほしいというのが本音ではありましたが。

尿まみれの理由

そもそもなぜ尿まみれの家だったのかという疑問があると思います。本人に排泄の確認をすると、尿はバケツに排泄して庭に捨てていると言われました。なぜトイレにいかないのだろうと思ったのですが、まずは本人の言葉から聞いていこうと思い、それで困っていることがないか聞くと、どうやら目が見えにくいためバケツを蹴って倒してしまうことがよくあると言います。本人はそのままバケツだけ立ててまたそこに排泄しているようでした。ただ、尿をこぼすのはなんとかしたいと思っていることがわかっただけでも一歩前進でした。「便は？」と聞くと「トイレでしている」と言います。「それなら尿もトイレでしたら？」と聞いたら、「めんどくさい」と言い少し不機嫌な様子。それではトイレを見せてほしいと言うと、怒鳴りだし、もう帰れと話を終わらされてしまいました。ヘルパーが聞いても、同じように怒られ、トイレを見せてもらえず掃除もできていないようでした。

次の訪問のときに尿器の話をすると値段によっては買ってもいいと言うので、一番安い尿器を調べて伝えると購入することになりました。本人は使い勝手がいいと言い、尿器のまま中身を庭に捨てたり、バケツにためたりして捨てていましたが、部屋の床にこぼれるのは少し減ったようで、部屋の臭いは若干ましになった気がしました。

入院を転機に

そのように自分の思った通りし放題な性格で、薬も飲まず、インスリン注射もちゃんと打たない、通院もいったりいかなかったり、治療を放棄しているように見える佐伯さんですが、デイサービスには休まずお風呂に入りにいきます。本人としては本当は、白血病を治したいのです。治ったらどうするか聞いてみたことがあります。「白血病が治ったら本を書いて、医者の嘘を社会に暴きたい」「もう1回、料理人をして居酒屋を持とうと思っている」と言っていました。仕事は聞いているだけで7、8種類していて、製薬会社でも働いていたけど、長かったのはゴルフ場のレストランの調理師と言っていたのを思いだし、「居酒屋開いたら、絶対飲みにいきますね」と言うと、とても喜んでいました。

しかしながら、ずっと元気というわけにはいきませんでした。ある日、デイサービスを休んだことのない佐伯さんが来ないので気になったデイサービスの職員が家まで見にいくと、部屋で倒れて動けなくなっていました。意識はなんとかありましたが受け答えはあいまいだったので、デイサービスの職員が救急車を呼び、以前白血病で入院していた大学病院に搬送され、入院となりました。倒れた原因はわからなかったのですが、白血病の悪化が顕著だったようです。

入院して体調が落ち着くと、本人は「入浴療法」をしたいので、家に帰ると騒ぎだしました。医師から連絡があり退院カンファレンスを開催したのですが、医師が「本人の好きにするしかないでしょう」と本人の前で話していたのが印象的でした。ただ、訪問看護は導入しなさいと強く本人に言い、佐伯さんもそれは構わないと納得しました。

退院に向け、急いで、要介護認定の区分変更申請を行い、新しく訪問看護とベッド、それからヘルパーとデイサービスを調整しました。

退院してきた日に、サービス担当者会議を行いました。福祉用具専門相談員や訪問看護師に、予想通り怒鳴り散らしていましたが、最終的にはサービスは全部受け入れてくれました。今までの関係性のなかで、私も怒られながらでも、佐伯さんに説明して受け入れられるぐらいにはなれていたのだと実感しました。

今回ベッドをレンタルする事業所は住宅改修もしている事業所だったので、ダメもとで佐伯さんに「トイレ壊れているんじゃないですか。1度この福祉用具専門相談員に見てもらいませんか」と話をしてみました。すると意外に「そうなんや。実は壊れているんや。水道管が割れているから、ためた水で流して使ってるんや」と教えてくれました。そこから、実は、この家は借金したときに抵当に入っていて、すでに自分のものではない、買う人が現れれば家を出ないといけないという話を聞き、自分のものでない家を修理するのにお金をかけたくないのでそのままにしていたと話してくれました。尿をためているバケツも、水の代わりにトイレを流すときに使っていたこともわかりました。あとで生活保護のケースワーカーに確認すると本人の言う通りで、ケースワーカーにもっと早く確認することができたと反省したところです。まあ、知っていても何かできたかというと何もなかったかもしれません。

ケースワーカーにそのとき聞いた話ですが、今まで1度だけ家の買い手の話があったそうです。その人は買う気満々で家を見に来たようですが、実際家を見てびっくりして、さらに佐伯さんの態度にもびっくりして、こんな家はいらないと早々に逃げるように帰ったそうです。ケースワーカーは「この家は今後もそうそう売れないだろうから、佐伯さんはまだまだ当面はここに居られると思っています」と言っていました。安心したらいいのか、なんと言ったらいいのかという感じですね。

福祉用具の事業所がトイレの修理を頑張って、廃棄予定の物をリサイクルして水道管を取り替えてくれ、それ以外の修理も特価で修理してくれました。

そしてついに、トイレが普通に使えるようになったのです。ドロドロだったトイレとトイレの床はヘルパーが１００円均一のシートでできる限り掃除してくれ、見違えるようにきれいになりました。

本人も意外に喜び、尿器やバケツは使わなくなり、庭に捨てることもなくなりました。臭いも徐々に改善されていきました。

これを機にヘルパーには、今までは少し片づけるぐらいで触らせてもらえなかった、家の片づけと掃除をさせてもらえるようになり、部屋の中も見違えるようにきれいになりました。

本人の価値に寄り添う

佐伯さんはその後、不動産投資をしている人に家を買い取られ、引っ越していくこととなりました。引っ越し先は自分で探して決めてきて、他県に引っ越していったのですが、引っ越し後も1年ぐらいは毎月、今こんな生活していると報告をくれていました。新しいケアマネジャーの愚痴もたくさん聞かせてもらいました。「あまり、ケアマネジャーを困らせないようにしてくださいね」と言うと必ず笑って「山内さんちゃうからな」と言ってくれました。最近は電話が来なくなり体調不良を心配しているのですが、いつの日か居酒屋を開店して招待状が届くのを願っています。

かかわりのヒント

その人に特有の価値観は背景から理解する

佐伯さんのケースで学んだことは、一般的な考え方と違う価値観を持った人がいたとき、おかしな価値観だと決めつけるのではなく、なぜこの人はこんな価値観になったのかを考えるようにすることです。

その人の考えや価値観が、理解できないことがあっても、その価値観や行動には必ず理由があり、その人の今までの人生をしっかりと知ることで、なぜそのような価値観になったのかを理解できるようになります。そうするとたとえその価値観が自分には受け入れられないものだったとしても、その人自身を受け入れることができるようになります。一般的な考え方と違う価値観を持った人と信頼関係を作るには、その特有の価値観を理解し、その人を受け入れることが大切です。そもそも一般的というのが幻想なのかもしれません。

3

ゴミ屋敷、引っ越し、家族支援、どこまでケアマネジャーがするの？

- 89歳、女性、重度の両側性変形性膝関節症で要介護1
- 物だらけのゴミ屋敷に統合失調症の次男と2人暮らし
- 膝の悪化で入院し車いす生活、戸建てへの引っ越しの支援
- 多問題世帯を支援者チーム全体で支える

いつものご指名

内藤さん（89歳、女性、要介護1）は、重度の両側性変形性膝関節症です。次男で統合失調症があり、引きこもりのまことさん（58歳）と2人暮らしです。夫とは離別で音信不通、長男とも絶縁状態。次男以外身寄りがありませんでした。生活保護を受給していて、私が関わる前の要介護度は要支援1で、地域包括支援センターの社会福祉士がケアマネジャーを担当し、デイサービスを週1回、ヘルパーを週2回利用して生活をしていました。

今回、私の事業所へ相談があった理由は、肺炎で入院した内藤さんの身体状態が悪化して要介護状態とみられるため、急ぎ要介護度の区分変更をすることになったからです。地域包括支援センターから居宅介護支援事業所へケアマネジャーの変更をして、サービスの調整をする必要がありました。私への相談はそのとき地域包括支援センターで担当ケアマネジャーをしていた田辺さんからでした。

田辺さんから相談があった時点で、内藤さんの退院希望が非常に強いことと、夜間のせん妄（時間や場所がわからなくなるような一時的な意識障害）が出てきたこと、入院による寝たきり状態で体力低下がみられることから、急ぎ退院させることが決まっていました。

地域包括支援センターの田辺さんからの相談は、一筋縄ではいかないケースが多いのです。このベテランの社会福祉士の田辺さんは、困ったケースがあると圏域の懇意な（無茶ぶりできる？）何人かのケアマネジャーに指名依頼をかけてきます。私は指名順位上位の1人と田辺さんからお墨付きをもらっており、今回も、「ちょっと山内さんのところにお願いしたいケースがあるけど受けられる？引きこもりの次男のこともあるから、できれば山内さんがありがたい」といったご指名電話でした。

こっちも慣れたもので「今回のケースは、松・竹・梅、どんな感じですか」と返すと、「うーん、松かな。これから問題山積かも」と言われました。これはもちろん断れないので、「なんでも受けますよ」と返事し、関わることになりました。

物だらけのゴミ屋敷

内藤さんの家は文化住宅の1階で2DKです。奥の部屋は次男の布団がなんとか敷いてあるもののあとは荷物が山積み。手前の部屋も、床は布団1枚敷いてあるのが見えるだけで、あとはタンスとたくさんの衣類ケース、布団等で部屋中が埋め尽くされ、見渡す限り、物、モノ、ものです。奥の部屋にいくにもその寝返りできそうにない布団の上を通らないといけない狭さでした。ダイニングには食器棚の下の扉をふさぐ形で机が置かれ、なんとか2人座れるようになっていました。冷蔵庫を開けるときも座っている人が立たないと開けることができません。

ゴミ屋敷にはいくつか種類があります。

1つは内藤さんのように物が圧倒的に多いゴミ屋敷のタイプです。このタイプは、前の生活より狭い家に引っ越したりしてきた場合が多く、荷物が部屋を埋め、片付けられないまま、生活スペースがとれなくなりゴミ屋敷に発展しています。このタイプの利用者は認知症がそこまでではなく、身体機能の低下で片付けられない人も多く、片付くと喜んでくれることもよくあり、こちらも関わりやすいです。しかも1度片付くと自分で保つこともできることもあります。

2つ目のゴミ屋敷のタイプは、片付けられないことでゴミがたまっていき、ゴミ屋敷になるタイプです。ＡＤＨＤ（注意欠如・多動症）等精神疾患で元々片付けることができない人や、認知症の進行などで片付けることができなくなった人が多く、よくあるのが、片付けることができる同居人がいなくなったことによりゴミ屋敷になっていくものです。このタイプは片付けることはできますが、片付けたあとも維持のためには支援が必要です。

3つ目のゴミ屋敷のタイプは、孤独から物が捨てられず、また物を集めてきてゴミ屋敷になるタイプです。実はこのタイプが圧倒的に多いです。このタイプの利用者も、精神疾患（うつや統合失調症等）の人と認知症の人の2パターンあります。どちらの人も孤独による心の隙間を物で埋めているので、このタイプのゴミ屋敷の人は、簡単にゴミ屋敷を片付けてはいけません。皆さんも考えてみてください。何もない4畳半に1人でポツンといるのと、同じ4畳半でも自分の好きなものに囲まれているのと、どちらが寂しくないですか。最低限の移動スペース（動線）の確保ができれば、あとは本人の孤独の手当が優先です。時間をかけて片付けるか、片付けない選択肢もありです。実際の支援では、私も片付けないことが多いです。

内藤さんは、間違いなく1つ目の物が圧倒的に多いタイプで、話を聞いてみると、膝の痛みがひどくて仕事ができなくなり、生活保護を受ける際に息子と2人で家賃の安い、今の文化住宅に引っ越してきて、ゴミ屋敷の状態になったようです。

退院のための環境整備

内藤さんは、重度の両側性変形性膝関節症のため歩行には常に痛みが伴う状態でした。主治医からは、内藤さんの膝は手術しないと、すぐにでも歩けなくなる状態だと言われていましたが、本人の強い拒否で手術はしていません。しかし、今回の入院で体力が落ちた影響か、歩行がさらに不安定となり、床からの立ち上がりが難しい状態になっていました。

病院で本人と面会をすると、認知機能の低下はみられず、しっかりと話は理解したうえで、家の片付けはしてもいいと言われました。しかも病院でベッドがかなり楽なことを知ったようで、ベッドを入れてくれるのはありがたいと言います。内藤さんとの面会のあと、地域包括支援センターの田辺さんと一緒に次男のまことさんとも自宅で面会し、片付けをすることを説明しました。するとまことさんからも、「おかんがいいならいい」と了承がとれました。

かかわりのヒント

生活を変えるためにはどん底体験が必要

入院は、自宅での生活を整える良いきっかけになることがあります。人はどん底体験を経験しないと変われないことが往々にしてあります。逆にいうと、どん底体験が生活を変えてくれます。地域包括支援センターの田辺さんが、内藤さんに「入院前にゴミ屋敷をなんとかしよう」と言っても受け入れてもらえませんでした。今回の入院がきっかけになり内藤さんも今までの生活ができないことを受け入れざるを得なくなりました。今回の件はゴミ屋敷でしたが、飲酒や喫煙、サービス拒否なども、入院に至るようなどん底体験をきっかけに変わることがあります。しかし、生活が変わるときは、私たちが勝手に変えるものではもちろんなく、「本人の決断」と「家族の協力」が不可欠です。そのうえで支援者のチームワークが重要になります。

部屋の片づけとベッド搬入のXデーは退院当日にしました。本人が見ているなかで捨てないとあとでもめると思ったためです。退院日には、地域包括支援センターの田辺さん、生活保護のケースワーカー、今までにもかかわりのある民生委員、私の事務所の手の空いている職員、社会福祉協議会に相談して来てもらったボランティアの人、そして私で総勢10人が集まりました。私は朝から退院に同行し、内藤さんと一緒に本人宅へ向かい、先に家にいっている田辺さんが片付けだしているところに帰宅しました。物をある程度捨てつつも、奥の部屋を潰して荷物部屋にし、手前の部屋にベッドとその横に布団を敷けるように片付けました。ベッドが入ると内藤さんも大喜び、次男のまことさんもみんなの指示に従い一所懸命片付けてくれて、関わったみんなが満足できる在宅復帰となりました。

精神疾患のまことさん

次男のまことさんは20歳のころに仕事でいじめられたことがきっかけで統合失調症を発症し、通院は続けていたのですが、ほぼ引きこもりの状態で生活していました。ぽっちゃりした体形で、糖尿病があり内服で治療をしていました。人見知りで、以前はヘルパーが来ても奥の部屋から出てくることはなく、テレビを見て寝転んで過ごしていました。1年ほど前、ちょうどヘルパーが訪問したときに、まさに親子で大喧嘩をしているところで、まことさんが包丁を取りだして、「おかんを刺して自分も死ぬ」と大騒ぎをしていたことがあったようです。内藤さんが家で引きこもるまことさんへのイライラをそのままぶつけたのが原因のようでした。

しかし、この退院の日の片付けが良かったのか、私にはポツポツとですが話をしてくれるようになりました。そして、私と一緒ならヘルパーの買物に同行してもらうことができ、荷物を持ってくれたりしました。そして、徐々に慣れたヘルパーと一緒に買い物にいってくれるようになりました。

その後、まことさんの居場所探しを田辺さんとしていく話になり、サービス事業所に声を掛けたり、田辺さんと私と一緒に障害者の地域活動支援センターに連れていったりしました。あわせて障害の相談支援事業所にも相談し、まことさんの担当を付けてもらい、自宅訪問で話ができる関係を作り、1年がかりで障害のデイサービスにいくことができました。

まさにつなぐのがケアマネジャーの仕事だと感じたことでした。私しか話ができないところから支援の輪が広がった感じですね。

もちろん一番喜んだのは内藤さんです。「自分が死んだあとのまことのことが一番気掛かりで、死ぬにも死にきれない」と口癖で言っていた内藤さんは、まことさんが初めて障害のデイサービスにいけた日に、私の手を取って「ありがとう。ありがとう」とうつむいて手をしっかり握って、泣いて喜んでくれました。

車いす生活のために戸建てに引っ越し

内藤さんが退院してから2年ぐらいが経過したころ、内藤さんの膝が限界に近づいていました。膝の軟骨がすり減り、骨と骨があたるため、安静にしていても痛みがある状態でした。伝い歩きもできなくなり、這ってトイレにいかなければなりません。デイサービスも車いすでないといけなくなってきました。手術するしかないと何度説明しても、まことさんが心配と言って聞く耳を持ちません。まことさんは、内藤さんの入院中も、障害からのヘルパーの支援で1人暮らしができることを説明

かかわりのヒント

多問題世帯への支援はそれぞれの支援者を

ケアマネジャーは本人の支援者です。家族にも課題があり、支援を必要とする場合は自分でしようとせず、家族にはその課題に適した支援者につなぎます。家族間の関係は、何かしらの力関係があります。実際の介護をしていることだけでなく、精神的・経済的なことを含め、日常生活のすべてにおいて影響し合っています。そして家族間には、少なからず何かしらの依存関係があります。家族のそれぞれに同時に1人の支援者で支援することは難しく、それぞれに支援者を付け、それぞれの支援者がその人に寄り添い、支援者全体のチームで家族全体を支えることが重要です。

したのですが、なしのつぶてでした。

ある日、デイサービスが迎えにいくと、内藤さんは膝が痛すぎてうずくまっていました。救急搬送し、かかりつけの病院に入院になりました。私も病院に呼ばれて、主治医と一緒に、本人に膝の人工関節の手術の必要性があることを説明しました。本人もさすがに手術を受け入れ、無事手術は成功しましたが、主治医からは「リハビリしても歩行できる保証はない。正直歩行は難しいだろう」と言われ、車いす生活ができる環境、すなわち施設を考えた方がいいとも言われました。

内藤さんは、まことさんと離れて生活したいわけがありません。そこで、関係者と本人と話をして引っ越しを検討することになりました。バリアフリーの家で2人で住めるところが条件です。公営住宅もすぐには見つかりません。地域包括支援センターの田辺さんから、一軒家の賃貸物件を生活保護の家賃で貸してもいいと言う人が民生委員の知り合いにいると聞き、田辺さんとまことさんと一緒に見にいき、そこに引っ越すことになりました。自治体の住宅改造の助成制度や介護保険の住宅改修を最大限利用し家の中を整えました。生活保護のため、引っ越し業者3社以上の見積もりが必要なのですが、それも調整しました。

そして、今回もまた、内藤さんの退院に合わせて、前回の退院のときのチームで引っ越しを行いました。内藤さんは無事に、車いすでの在宅生活、そしてまことさんとの2人暮らしを再開することができました。

次男の突然の死

このあとも、いろいろと出来事はありましたが、大きく見ると2人で幸せに暮らしていた内藤家の生活も突然終わりがきました。

すっかり人と話せるようになったまことさんは、いつもヘルパーが訪問すると玄関に迎えに出てくれるのですが、その日は、まことさんの姿が見えませんでした。内藤さんはベッドで寝ていたのですが、ヘルパーが家の中を見回すと、なんとまことさんはトイレの前でうつぶせになり倒れていました。急ぎ救急搬送し病院に運ばれましたが、間に合わず亡くなりました。心筋梗塞でした。

1人暮らしになった内藤さんは、かなりショックを受けていましたが、デイサービスにいったときや、訪問するヘルパーには気丈にふるまっていました。私と2人で話をしているときは、涙を流しながら、「心残りはなくなった。あんたには感謝している」と何度も話してくれました。

内藤さんも、まことさんが亡くなって3か月ほどしたときに肺炎で入院となり、そのまま亡くなりました。火葬に付き合いましたが、幸せそうな顔でした。

内藤さんのケースは、ケアマネジャーとしての支援の線引きがどこなのかを考えさせられることが多かったケースでしたが、振り返ってみると、どれも必要な支援だったと思っています。

信頼関係を作り、支援者を増やし、チームで支え、本人たちもチームに引き込み、本人たちの力を引きだす。制度はしょせん道具でしかないのかなと思います。

内藤さんは私の相談援助職の価値観を育ててくれたかけがえのない利用者です。天国でも親子でケンカしながら幸せに一緒に暮らしていることでしょう。

4

自分の家で家族に看取られる死

- 59歳、女性、癌末期で要介護5
- 最期は家で過ごしたい思いと家族に迷惑をかけたくない思いに揺れ動く
- 本人の思いと家族の思いが交錯するなか、みんなで決断し迎えることができた看取り期の意思決定支援

頑張ってきた人生

癌末期で在宅での看取りをお手伝いしたケースを紹介したいと思います。看取りのケースは「主演は本人、助演は家族、あとは脇役」がいい看取りではないでしょうか。最後の舞台を演じきれるお手伝いができる幸せやありがたさは、看取りのケースでしか感じられないものかもしれません。

今回の主演の葉山さん（59歳、女性、要介護5）は3年前にS状結腸癌が見つかり、闘病生活をしてきました。

葉山さんには、長女、次女、長男の3人の子どもがいて、3人目がまだ赤ん坊のときに夫を亡くし、女手1つで3人の子どもを育ててきました。いろいろな仕事を掛け持ちしながら子育てをし、最終的には介護職として特別養護老人ホームで夜勤をしながら、子ども3人を社会人にまで育ててきました。長女にあとの2人のご飯の面倒を任せて夜勤をしたり、夜勤明けで寝ずに学校の参観にいったりと、それは大変な思いをして育てたそうです。そのうち長女と次女は結婚し、長女には2人の子どもができ、今は2人とも小学生になりました。次女は離婚し、1歳の子どもを連れて実家に帰ってきました。友人には口癖のように、次女と帰ってきた孫がとてもかわいい、あとは頼りない長男が結婚できるかどうかが心配、と話していたそうです。3年前に癌が見つかったあとも治療をしながら仕事を続け、施設で夜勤をしながら休みの日に孫と遊ぶのを楽しみに暮らしてきました。

余命1か月、痛みが強く緩和ケアに

あるとき、施設で仕事中に腹痛で倒れ、救急搬送され入院となりました。原因は癌の進行による大腸狭窄で、すぐに手術となり、その後は入退院を繰り返しながらの生活となりました。仕事は休職することとなり、自宅で療養して生活していましたが、そのうちに食欲不振と痛みがきつくなり、疼痛のコントロールのために緩和ケア病棟への入院となりました。主治医からは余命1か月程度だろうと本人と子どもたちに対して説明がありました。

葉山さんが緩和ケア病棟に入院したころは、家に帰りたいと話すこともありましたが、少し経つと、「家に帰ると子どもたちに迷惑をかけるからこのままここで死にたい」と言葉少なく話すようになってきました。痛みも非常に強く、鎮痛のために一般的な麻薬の限界を超える量の麻薬を投与しても痛みが治まらず、苦しむ毎日でした。そんなときに私の事業所に相談があったのです。

実は、葉山さんの職場の同僚が私の知人で、葉山さんの様子を見て、葉山さんの本当の気持ちは家に帰りたいのではないか、1度、本人と子どもたちの相談に乗ってほしいと依頼があり、関わることになりました。

死を目前にした、2つの思い

病院に連絡し、本人と面談すると、「痛くてこんなときに話に来られても困る。家に帰って子どもたちに迷惑はかけたくない。こんなに痛くては帰ってもしょうがない」と痛みの訴えが強く投げやりな様子でした。ただ、そのとき担当してくれた病棟の看護師が、「葉山さんは、本当は帰りたいと思っておられますよ」「時折、家で孫と過ごしたいと話されることがありますよ」と教えてくれました。

葉山さんの中には、相反する思い、アンビバレントな（相反する）感情というも

かかわりのヒント

看取り期の気持ちは揺れ動いてあたり前

看取りで大事なのは、看取りの時期の利用者は気持ちが揺らぐものであることを理解することです。身体中に痛みがあったり、自分で動くことができなくなったりすると「こんな状態なら死にたい」という人が多くいます。しかし「死にたい」の裏には「死にたくない」思いや言葉にできない「心の痛み」が隠れています。

看取りのときには、口に出した言葉が本当の気持ちではないこともしばしばありますし、そもそも本当の気持ち自体が揺れ動くものです。ですから、葉山さんの今の気持ちも言葉通りではないかもしれませんし、亡くなるまで変わり続けるものでもあります。看取りの時期の利用者の言葉にできない思いや「心の痛み」を受け止めるかかわりこそが大切です。

のがあり、最期を家で過ごしたいという思いと子どもに迷惑をかけたくないという思いのなかで葛藤があり、そのどちらも葉山さんの本当の思いだと感じました。

病院側の葛藤

葉山さんと面談したあと、病院の相談員と病棟看護師と話をしました。主治医と看護師の見解としては、葉山さんの状態は疼痛コントロールがとても難しく、病院でも痛み苦しむ様子があり、とても在宅療養できる状態ではないというものでした。介護保険の申請はしてもいいが、帰れないだろうと言われました。

緩和ケア病棟としては、在宅に帰れるときは帰ってもらうことが方針なので、少しでも帰れるのであれば帰ってもらいたい考えはあるが、本人にとって適切な医療が受けられないまま帰らせるわけにはいかないという話でした。

子どもたちの葛藤

葉山さんや病院と面談した数日後、私の事務所に長女と次女が来所して、2人と面談をすることになりました。2人は面談で、「母は帰りたいと思っている、だから帰してあげたい気持ちもあるが自分たちも生活がある。家で介護をする自信はない」と話しました。長女と次女にも母親を連れて帰りたい、でも介護はできる自信がない、というアンビバレントな感情があり、葛藤があると感じました。ただ、母親は家に帰れないだろう、とあきらめつつあるのも感じられました。

それぞれの事情を聞くと、長女は隣町に住み、夫と子ども2人の4人家族、葉山さんの家までは車で1時間弱かかります。長女はフルタイムで働き、夫も忙しい状況です。次女は葉山さんと同居していますが、1歳の子どもを育てながら日中は保育所に預け、フルタイムで働いています。どちらかというと子育てが大変で、祖母である葉山さんを頼って同居していたのが実際です。同居の次女は、自分の子育てでいっぱいいっぱいで、自分が介護までできるとは思えない様子でした。長男は車で2時間かかるところで働いており、工場で夜勤もある交代制勤務のため、今まではほとんど実家には帰ってきていません。姉弟で電話で何度も話し合ったようですが、結論は出なかったようです。

私は姉妹2人に、葉山さんにとって、自分の家にはどんな思いがあるかを聞くと、「母は1人で働いてきて、駅前のマンションを生活が苦しいなか、ローンを組んで買ったんです。いつも隅々まできれいにして大切にしている家です」という話でした。「長男に譲ってもいいと思っていたけど、次女が帰って来たので次女と孫とで大事に暮らしてくれたらいい」とも言っていたようです。葉山さんにとって人生と思い出が詰まった大事な家なのだとわかりました。

私は、2人に質問しました。質問の内容はこうでした。

「母親を連れて帰って生活が大変になって後悔するのと、母親を連れて帰らず病院で看取って後悔するのとどちらがつらいですか」

この質問を聞いて、2人はしばらく黙って考え、どちらからともなく、「連れて帰らず後悔する方がつらいです」と話しました。2人の思いは決まったようでした。

私は、連れて帰れるように姉弟で話し合ってほしいと伝え、最後に決めるのはお母さん本人なこと、お母さんの説得を頑張ってみたらどうかと伝えました。

かかわりのヒント

本心に自ら気付いていく面接の妙

私たち相談援助職の支援は、相談者の言葉をしっかりと傾聴することが基本です。しかし、人の心の奥底には自分でも気付いていない、言葉にできていない思いがあります。様々な多面的な視点からのアセスメントや、認知行動理論や家族システム理論などの人間行動理解の理論を基にした仮説、身振り手振りや声色などのノンバーバル（非言語）の観察などから、本人が言葉にできないぼんやりとした思いが少しずつ見えてきます。その見えてきた思いを明らかにするために、相談者の視点を変える質問を投げかけ、本人の口から言葉として出てきたときに、本人が今まで気付いていなかった本心に、自ら気付いていくことができます。これこそが面接の醍醐味であり、面接の妙でもあります。

退院に向けて

子どもたちの介護への不安は、退院後の介護や看取りがどのようになるかの話を丁寧にすることで少しずつなくなっていきました。病院へは、子どもたちは退院を望んでいることを伝え、退院カンファレンスの調整も依頼しました。

子どもたちは母親と向き合い、ベッドの横で家に帰ろうと何度も話しました。葉山さんは、最初は帰らないとかたくなでしたが、最後には「もういい。あんたらの好きにしたらいい」と言ったようです。

病院も、子どもたちが連れて帰りたいことがわかると退院に向けて積極的に調整してくれました。主治医も「体調を考えると急いだほうがいい、今がラストチャンスかもしれない」と言い、1週間後をめどに退院の調整となりました。

退院カンファレンスには病院の主治医、相談員、病棟看護師と、麻薬の調整がとても上手な往診の医師、訪問看護師、子どもたち3人と私が集まり、葉山さんが安心して家に帰るために何ができるか話し合いました。本人にはその後子どもたちから、しっかりと説明したようです。子どもたちも不安はありながらも、悔いが残らないようにできるだけのことをしてみようと心に決め準備していました。

最期のひととき

葉山さんが退院する当日、私も病院にいき、介護タクシーに乗るところまでご一緒しました。

葉山さんがタクシーに乗ったとき、長女が「家に帰るよ」と葉山さんに話しました。葉山さんは何も言わず、車の中から空を見ていました。遠くを見ている葉山さんの、嬉しそうでそのうえどこか申し訳なさそうで、なんとも言えない表情を見たときに、「ああ、本当に良かったな」と思いました。

葉山さんが家に帰ったその日から、友人、職場の同僚、近隣の人が入れ替わりお見舞いに来ました。私がしたことは、家に帰ったあとのサービス担当者会議の進行ぐらいです。ケアプランと言っても医者や看護師は医療保険で対応するので、介護保険で調整したのは、ベッドなどの福祉用具のレンタルぐらいでした。本人には、知り合いがひっきりなしに来て話をしていたので、私が他にしていたことと言えば、お孫さんと遊んだり、長女や次女の介護の不安を聞いたりしていたぐらいです。

実は、長女は会社と調整し、介護休暇を取って1週間休むことにしたようです。退院日は孫たちにも学校を休ませ、それ以降も孫と一緒に実家に泊まり込み学校の送り迎えをしていました。次女も退院日と次の日は休みを取っていました。長男も退院日は仕事を休み、次は週末に泊まりに来る予定にしていました。

帰ってからの葉山さんは、痛みに波があるものの、往診医が丁寧に麻薬の調整をし、薬剤師もすぐ対応してくれました。そして訪問看護師も何度も足を運んでくれるので、不安なく穏やかに過ごすことができました。葉山さんもベッドに寝ながらですが、孫と遊んだり、友人と昔の写真を見て笑い合ったり、長男にちゃんとしなさいと叱っていたり、いつまでも祖母であり、友人であり、母親でした。

退院して4日目に、痛みの訴えが強くなり、医師や訪問看護師が緊急対応したのですが、そこから意識が戻らず、退院して5日目に亡くなりました。

その日はちょうど土曜日で、長男も戻ってきており、子ども3人と孫3人、友人4人に囲まれながら静かに息を引き取りました。

看取りは人をつなぎ、人を育てる

お葬式に参列したのですが、近所のお寺で大勢の人に囲まれての葬儀で、葉山さんのお人柄がうかがえる素晴らしいものでした。長女が私の手を取って、泣きながらお礼を言ってくれたのと、喪主を務める長男が意外にしっかりしていたのがとても印象的でした。

私は、今までいくつも看取りに関わってきたなかで、看取った家族は多かれ少なかれ後悔をするものだと思っていますが、葉山さんの看取りが特別だったのは、看取った人が誰も看取ったこと自体を後悔していない、家族も関係者もみんなが幸せな看取りであったと断言できることです。小さな後悔は子どもたちにはあったかもしれませんが、家に帰れる、友人知人と別れができる、長女が仕事を休んでいる間に亡くなる、次女とも孫とも家で過ごすことができる、長男も家に戻ってきている、すべてが予定調和のようにうまくいった気がします。それもひとえに、葉山さんの積んできた徳のなせるわざなのかもしれません。

葉山さんが亡くなったことを病院に伝えると、病院としても入院時は家に帰れると思っていなかったようで実際に帰れたことが素晴らしい、是非1度、葉山さんの事例の振り返りをしたいとの話になりました。そして亡くなったあとのカンファレンス（デス・カンファレンス）を病院主催で行いました。そこには、長女と次女にも来てもらい、病院の人とみんなで子どもたちが頑張った、退院に向けての連携が良かったなど、お互いたたえあう場になりました。私自身も、娘2人から涙ながらに感謝の言葉をもらったことは、忘れられない思い出になりました。

私は、人が終末期にあっても家に帰りたいと本人が思えば必ず帰れる、家族が看取りたいと思い本人もそれを望むのであれば必ずかなうと信じています。病状や状況は関係ないと言い切りたいです。本人の人生の終わらせ方、死に様は、本人が決めるべきものと信じています。これこそが自己決定を大切にする支援ではないかと思います。

葉山さんは、家で家族と最期を過ごしたいということが揺らぐ思いの奥にある本当の思いであったことは、最期の5日間で明らかでした。

子どもたち3人は葉山さんが亡くなったあと、より絆を深め、支え合っていくように見えました。今までは強くやさしい母親に頼っていた子どもたちだったのかもしれません。しかし母親が亡くなったことがきっかけで、長男は頼りないと言われながらも、長男の役割をしっかり果たそうとしています。長女も次女も看取りを機に一回りしっかりしたように感じられました。葉山さんの死は、子どもたちを力づけ、子どもたちの人生の広がりに大きな後押しをしたように感じました。

私は、今でもふとしたときに、葉山さんが見せてくれた表情を思いだすことがあります。それは、退院のときに長女が「家に帰るよ」と声掛けした瞬間の、葉山さんの嬉しいような、なんとも言えない表情です。あの表情を思いだすたびに、私自身心が癒され、これからも頑張ろうと改めて思い直すことができます。

本来、身近な人の看取りは、逝き方（生き方）を教えてくれる素晴らしい体験であるはずです。もし、「看取り」が、看取られた人の幸せな最期を飾り、看取った人々の人生を豊かにするようなものであれば、その人の人生にとってこんなに素晴らしいことはありません。そして私たちケアマネジャーが、その「お手伝い」ができたのであれば、その喜びは何にも代えがたいものではないでしょうか。

かかわりのヒント

終末期の支援でケアマネジャーができること

ターミナル（終末期）の支援は、医療が中心で、ケアマネジャーとしてできることはあまりないと言われることがあります。しかし、終末期はもう病気を治す時期ではなく、医療に求められていることはおおむね決まっていて、最期のときを痛みや苦しみを少なくし、穏やかに過ごすことが求められています。そのときに大切なことは、残された時間をどう生きるかという問題です。終末期の支援に大切なのは、時間と闘いながらの高度な意思決定支援なのかもしれません。そう考えるとケアマネジャーとしてできることがここにあるのだと思います。また、大きくみると高齢者はみな終末期とも言えます。残された時間をどう生きるか、この意思決定支援こそケアマネジャーの大きな役割と言え、そのことがぎゅっと凝縮されているのが終末期の支援なのかもしれません。

5

暴力、暴言、セクハラ、頻回な救急搬送どこまで許される？

●79歳、男性、ケンカっ早いが世話焼き
●難聴、喘息持ち。脳梗塞発症により要介護3
●頻繁に救急車を呼ぶなど、「在宅継続困難」との苦情の嵐のなか見つけた男性の居場所と役割

はじまりは突然に

青島さん（79歳、男性、要介護認定未申請）とのかかわりは突然でした。ある日、付き合いのある病院の看護師長から事務所に電話があり、私が出るといきなり「良かった。山内さんいた。今から時間取れませんか？」と言います。

詳しく聞くと、今から強制退院する人がいて、看護師長が病院の車に乗せて家まで送るからそのタイミングで家に来てほしいという話でした。介護保険での支援が必要な状況なのでケアマネジャーとして関わってほしいというのが呼ばれた理由です。強制退院の理由を聞くと、この数時間前に、他の患者を殴ってケガをさせ、それを止めに入った看護師も殴りケガさせたということでした。本人の興奮も収まらず、強制退院に至ったようです。

青島さんの自宅までいくと、ちょうど病院の車が到着したところでした。車から降りてきた本人は、看護師長に大声で怒鳴り散らしながら、杖歩行で家に入っていきました。正直、私自身も殴られないか不安ななかでの顔合わせとなりました。

手が早いのは昔から

青島さんは、徳島県生まれで両親と姉の４人家族でした。幼いころ家族で関西に出てきて、今住んでいる場所の近所で暮らし始めました。父親は鉄工所で職人をしており、子どものころはよく叩かれたそうです。生活は貧しいながら暮らしていたそうですが、両親ともに早くに亡くなり、中学卒業後すぐ働きだしたそうです。

仕事は大工で、器用だったので腕も良かったそうです。20歳のころ、結婚して子どもが２人できました。しかし長女は幼いころに亡くなったようです。長男が独立したあと、少しして妻と離婚しました。今、長男家族は孫が２人いるそうですが、連絡もなく縁が切れているようです。自分の姉とその子である姪が近所に住んでいますが、関係性はかなり悪いようでした。挨拶を兼ねて電話をしましたが、姉は寝たきりで介護保険を受けている状態のようで、電話に出た姪からは「叔父とは関わりたくない、死んでも連絡しないでください」と一方的に切られてしまいました。今回の入院と退院で病院から連絡があって、これ以上はいい加減迷惑と思っているようでした。結局、ほぼ身寄りがない状態でした。

青島さんがケンカっ早いのは昔からで、特に酒を飲むと誰彼構わずケンカしていたそうです。そのくせ世話焼きなところがあり、人のためにお金もとらず、大工仕事やいろいろな面倒を見てくれる人だったそうです。家は長屋で築50年は経っている、地震が来たらすぐつぶれてしまいそうな家で、離婚してからここに住むようになったようです。家からすぐのところに公園があり、65歳になる少し前に仕事を辞めてからは、毎日、公園の掃除をして過ごしていたそうです。

この公園は東屋があり、雨の日も風の日も近所の高齢者が井戸端会議をしています。青島さんは、朝からこの公園のベンチに座ってみんなを待っています。公園に来れば青島さんがいるからと、なんとなく人が集まってきているそうです。青島さんの昔の話も、半分は公園に集まっている高齢者の人から聞いた話です。

青島さんは以前から喘息持ちで、時折、息苦しくなると、近くの診療所まで歩いていき、治療してもらっていたそうですが、介護が必要な状態ではなく、自分で買い物にもいき、頑張って暮らしていたそうです。

ところが、2か月前に喘息発作が出て、道で倒れ救急搬送されました。病院の診察で、喘息発作のほかに左手足の麻痺がみられ、脳梗塞が見つかり、入院となりま

かかわりのヒント

すべての行動には理由がある

なぜそのようなことをするのかと思うような人も、今までの生活史を聞くと本人の行動の理由やパターンが見えてきます。すべての行動には理由があり、その人の生活史と、過去の困ったときの解決方法（コーピング力）を知ると、その人の考えと感情、そして行動がわかるようになります。また、人は考えと感情と行動が一致していないことが多く、口で「痩せることが大事」と言いながら食べてしまったり、好きなのに「嫌い嫌い」と言ったりします。青島さんのような人は生活史やコーピング力を知り、考え、感情、行動のそれぞれを推測できるようになることで支援がしやすくなります。

した。その後、1か月しないうちに冒頭の暴力事件で退院となりました。

認知症がみえにくい難聴のコミュニケーション

初回面談は意外にも、怒鳴られることもなく、穏やかに進みました。病院からは今回脳梗塞で左不全麻痺となり、手足が少しだけ動かせる状態のため、ベッドが必要なこと、お風呂場にもシャワーチェアがいること、認知症があり薬が自分で飲めないため1日2回の服薬介助が必要であると聞いていました。

本人にケアマネジャーとして挨拶するとともに、介護保険の説明と、ケアマネジャーの仕事の説明をしました。青島さんは難聴がひどく、耳元で話をしてもどこまで聞こえていて理解できているのかわからないところがありました。あとになって脳血管性の認知症はあるものの、そこまでひどくなく記憶もしっかりとあり、理解もかなりできていることがわかったのですが、このときは難聴から受け答えにつじつまが合わないこともあり、認知症の度合いも気になるところでした。

ケアマネジャーの役割は理解してもらう必要があると感じ、説明はかなり丁寧にしました。青島さんは家に帰ってきて満足したのか、機嫌もよく、介護保険の申請とサービスの導入については、簡単に「了解」と答えてくれました。

病院の見立てをもとにアセスメントしましたが、お風呂場をのぞいてみると、床が抜けていてここ数年入っていない様子です。本人に聞くと「今まで銭湯にいっていたがつぶれた。今はたまにシャワーだけや」と言いました。確かに近くの銭湯は半年前に閉じたところで、それからはお風呂に入っていなかったようです。銭湯がつぶれた時期も含め、話は合っているなと感じたところです。青島さんと話をして、シャワーチェアの購入はやめ、入浴のためにデイサービスを提案してみましたが、デイサービスは年寄りがいくところだからいかないとはっきり断られ、訪問看護による清拭で対応することになりました。とりあえず、きちんと薬が飲めるかわからないこともあり、毎日1回訪問看護と訪問介護で訪問するようにして、在宅生活が始まりました。苦労したところは、暴力があるかもしれなかったため、すべて男性で対応することにしたことです。男性の看護師とヘルパーは地域でも少ないので毎日訪問できるように事業所の調整をするのはとても大変でした。その後、認定調査に立ち会ったのですが、難聴によって認定調査が思うように進まず、途中で調査員を殴ろうとしたこともあり、結局、私からの聞き取りがメインの調査となりました。確認できた左不全麻痺の状態や歩行の不安定さ、私からの状態の説明と暴力による退院の話の影響もあったのか、結果は要介護3となりました。

毎日複数回の救急対応からデイサービスへ

今回の脳梗塞は青島さんの生活を大きく変えました。まず、毎日の日課だった公園の掃除ができなくなりました。近くのスーパーと薬局には杖で歩いていけるのですが、1度、離れた銀行までお金をおろしに自転車を押しながらいったときに自転車ごと転んでしまったようで「もうよういかへんわ」と遠出をしなくなりました。薬はお薬カレンダーではスケジュール通りに飲めなかったのですが、机に朝、昼、晩と書いたトレイに並べて入れておくとそこから食事ごとにとって飲めるようで、各1日1回の訪問看護・訪問介護で内服確認はできました。

入院前とは青島さんの状態は変わり公園の掃除はできませんが、冬の寒いなか、毎日公園にいくのは続けていました。公園ではベンチに座り、難聴であまり会話に

かかわりのヒント

難聴と認知症の関係

難聴の人は認知症と思われがちです。本人も聞こえないのでだんだん適当に合わせて返事することも増えるため、言ったのに忘れていると思われたり、話したことと違うことをしたりすることで見当識障害（場所や状況が理解できないこと）があると思われてしまいがちです。病院や今まで関わっている関係機関の話をうのみにするのもよくありません。筆談による確認や継続的なかかわりのなかで認知症の度合いをしっかり把握していく必要があります。

また、難聴から人とのコミュニケーションが少なくなり、社会とのかかわりがなくなっていくことで認知機能の低下につながることも少なからずあります。治療や補聴器などで難聴の状態を改善できるのであれば、認知症の進行を防ぐことになりますし、何よりより良い社会生活につながります。

なってないようですが、笑顔で近所の人と過ごしていました。

ある程度穏やかに生活が始まったとほっとしていた矢先、ちょうど在宅生活をして1か月ほど経ったころ、新型コロナウイルス感染症の拡大が始まりました。近所の施設でクラスターが起き、公園に来ていた近所の人も公園に出てこなくなったのです。誰もこなくなった公園に、それでも青島さんは毎日出ていって、1人で過ごしていました。

そんななか、青島さんは息苦しさを訴えるようになり、毎日救急車を呼ぶようになりました。訪問看護は緊急対応の契約もしていたので、救急車を呼ぶのではなく訪問看護を呼ぶように本人に言うと、訪問看護に連絡するようになりました。しかし訴えの電話は日を追うごとに増えてきて、そのうち毎日10回から20回呼ぶようになりました。もちろん喘息発作時の頓用の吸引薬を主治医から出してもらって対応していたのですが、どんどん訴えが多くなり、そのうち看護師が駆けつけても病院にいかないと納得せず、また訪問看護師が駆けつける間に救急車を呼ぶことも多く、結局毎日救急搬送せざるを得ない状況になっていました。病院に搬送され点滴を受けると半日ほどは騒がなくなるようでした。

新型コロナウイルス感染症の影響で、喘息発作だけでは病院に搬送するのが難しいこともあり、また、救急隊としては入院の必要がないだろうと判断し救急搬送を断ると、青島さんは救急隊員にも殴ろうとしました。対応する救急隊員のなかには、「迷惑だ、施設に入れるべきだ」と苦情の電話をケアマネジャー宛てにかけてくる人もいました。

主治医も、毎日何回も呼ばれる訪問看護も、在宅での独居生活は無理じゃないかと言ってきました。もちろん私の事務所にも本人からも毎日数十回の電話がかかってきていました。本人からの電話はまだ我慢できたのですが、救急隊、主治医、訪問看護から「どうにかしろ」と頻回に連絡があるのは参りました。正直、在宅生活は難しいのかと思う部分もありました。

でも、私は、本人はまだ判断能力があり、近隣へ迷惑をかけているわけでもない、本人が体調不良を訴えているのを専門職が困っているというだけで、いきたくもない施設にいく理由はないと考えていました。それに私は、この喘息発作や息苦しさは、本人が人に会えなくなった寂しさと自分でできなくなったことからの生活の不安による影響が大きいのではないかと考えていました。

そこで、私は、関係者を集めてサービス担当者会議を行うことにしました。会議には、主治医や診療所の看護師、訪問看護師、ヘルパーのサービス提供責任者、福祉用具専門相談員、民生委員、私が集まりました。家で開くと座るところもなく、完全に「密」になる状況でしたので、いつもの公園で行うことにしました。

青島さんもこんなに人が集まるのだと驚いていましたが、大声で耳元への話と筆談で会話しながら本人の思いを語ってもらうと、身体への不安の訴えもありましたが、それ以上に公園への強い思いを話しました。「わしがいないとみんなこの公園にこられなくなる。わしがいるから安心してみんな集まってきてくれるんや。この公園はわしが守らなあかん」と強く話しました。

私と民生委員以外、ほぼ施設に入る方がいいという意見だったのですが、この話を聞き、自宅で生活を続けるのはしょうがないと考えるようになったようでした。

民生委員から、身体が弱りこの公園にこられなくなった人が近所のデイサービスにいっている話を聞いていた私は、その友人の話を持ちだし、「青島さんに会えなくなって寂しがっているからデイサービスにいってあげましょう」と話してみました。民生委員からも、「青島さんいってあげて」と働きかけてくれました。

また、救急車を呼び続けると周りが迷惑になること、このままではここでの生活が続けられないこと、でもここにいる人は青島さんの今の生活を支えたいこと、デイサービスにいくと好きなお風呂にも入れることなどを丁寧に話しました。

デイサービスは年寄りのいくところと言っていた青島さんも、最後には友人のために「しゃあないな。いったろうか」と受け入れてくれました。

話合いのあと、すぐにサービスの調整をし、デイサービスにいき始めてみると、あんなに嫌がっていた青島さんがとても楽しみにいくようになりました。デイサービスに慣れるにつれ、息苦しさの訴えや救急搬送は減ってきました。デイサービスにいくとその友人に声を掛け、困っていることはないかと話しかけていたようです。その後もいくたびに友人を気にかけ世話しているようでした。

ヘルパーへの暴力、訪問看護師にセクハラ、デイサービスでも暴力

デイサービスにいくようになって数か月過ぎたある日、部屋でデイサービスの準備をしていたヘルパーが、後ろから大声が聞こえ振り向くと、「さわるな」と叫び

ながら青島さんが杖を振り下ろそうとしてきたのです。危うくヘルパーの頭に直撃するところでした。

この一件でヘルパーステーションは撤退し、主治医や訪問看護からは精神科病院へ入院する状況ではないかと言われました。かといって、本人が入院したいわけでもなく、関わってくれる身寄りもいないなかで、精神科の入院ができるわけもありません。ケアマネジャーとしては本人の意向を大事に、サービスを整えて在宅生活の継続を続けようと考えました。

この事件のあと、訪問看護と話し合い、本人にも説明し、2人対応することになりました。デイサービスから、女性職員の方が本人の受け入れがいいと聞いたこともあり、代わりに入ったヘルパーステーションも訪問看護も2人体制で女性がいくようしました。

青島さんは女性が来るようになったのが嬉しかったようで、口数が少なかったのにいろいろと話しかけるようになりました。半年ほどすると今度は訪問看護師に抱きつこうとしたり、卑猥な言葉を言ったりするようになりました。

そして、セクハラについてどう対応していこうかと話し合っていた最中に、さら

かかわりのヒント

居場所と役割

デイサービスにいきたがらない人を、無理やり連れていくのはいい方法ではありません。大事なポイントは「居場所」と「役割」です。人はこの「居場所」と「役割」があれば自分から進んで行動します。そんな場所にデイサービスがなれば、喜んでいくようになります。青島さんは公園が居場所でしたがコロナ禍で人がこなくなった。手足の麻痺で掃除する役割も果たせなくなった。でも公園で人が来やすいように待つ役割は続けたいのです。それは残しながら、新たな役割をデイサービスで見つけることでいきいきと生活できるようになったのです。

にデイサービスで事件が起きたのです。

ある日、デイサービス過ごしていた青島さんは、急に立ち上がり、そばを歩いている他の利用者に殴りかかったのです。近くにいた職員が止めに入ったので軽いケガで済んだのですが、見ていたほかの利用者も混乱し、デイサービスは騒然となりました。これまでにも食事をこぼし続ける利用者にお茶の入ったコップを投げたり、暴言を吐いたりしていた青島さんは、デイサービス利用が中止となりました。

デイサービス中止に納得できない青島さんは、歩いてデイサービスまでいって「中へ入れろ」と騒いだり、私を呼びつけて怒ったりするようになりました。また、主治医や訪問看護ステーションから、「もう在宅生活は限界ではないか」と何度も連絡がありました。またもや在宅生活継続の危機が訪れたのです。

ですが、青島さんの暴力や暴言、セクハラは青島さんなりの理由がありました。まず、ヘルパーへの暴力について青島さんに話を聞くと、以前そのヘルパーが、青島さんが大事にしている書類の棚を勝手に開けたのに腹を立てていて、今回、その横のタンスから服を取ろうとしていたのをまた棚を開けようとしていると勘違いしたことで殴りかかったようです。この件に関しては、大事にしている書類の場所を変えることでその後落ち着きました。

セクハラに関して話を聞くと、担当している何人かの看護師のうち2人に対して行っていて、「あいつらは俺のこと好いてくれている、だから声掛けただけや」と言っていました。本人の中では好き合っているなかでの行動だったようです。

そして今回のデイサービスでの利用者への暴力は、青島さんがトイレにいこうとしているときに限ってその利用者が立ち上がり、ゆっくり歩いて青島さんがトイレにいく邪魔をすると思い込んで殴ったようでした。殴られた利用者はトイレが近く1日何度もトイレにいくのと、歩行がとてもゆっくりだっただけなのですが、青島さんは自分に対して嫌がらせをしていると思ったようでした。

もちろん、暴言も暴力も、そしてセクハラも許されるべきことではありません。当然、これらの行為に青島さんは責任を持たなければなりません。しかしながら、私としては、本人の居所は本人が決める権利があるはずで、しかも青島さんはしっかり話せばわかる人だと考え、在宅生活を続けるために本人と関係者でしっかりと話し合おうと考えました。

そこで私は、ヘルパーへの暴力事件のときに相談していた地域包括支援センターの職員と相談し、サービス担当者会議を調整しました。場所はもちろん青島さんのいつもの公園です。また、総勢10人ほどの関係者に集まってもらいました。

前回のサービス担当者会議同様、青島さんの話をしっかり聞き受け入れたうえで、腹がいくら立っても暴力は絶対だめなこと、ヘルパーの女性がどんなに好意的でもセクハラも絶対だめなこと、でもこの関係者みんなは青島さんの自宅での生活を支えていきたいことを伝えました。

青島さんはそのときに初めて申し訳なさそうな顔をして、「すまんかった。もうしない」と謝りました。また、デイサービスにもいきたいと言い、他の利用者が怖がっているからと、曜日を変更してデイサービスを再開することになりました。

あれだけもう在宅は無理と言っていた主治医が、「この人はこうやって暮らしていくのがいいのかもしれないね」と言っていたのがとても印象的でした。本人との対話が何より大切なのだと実感した瞬間でした。

かかわりのヒント

サービス担当者会議　大勢での会議のコツ

大勢でのサービス担当者会議は4～5人の少数で行うのとは異なり、うまく運営しないと会議に参加した人が不満を持ったり、話が決まらずに終わったりしてしまいます。なかには、会議をしたことで余計に支援が難しくなってしまうこともあります。大勢の会議をうまく運営するコツは、何よりまず、本人を主役にすることです。声の大きい関係者に引っ張られるのではなく、本人の声に全員が耳を傾けるようにします。そしてしっかりと本人の望む暮らしを全員で共有することです。そして、課題ばかりに目を向けると本人もつらくなりがちなので、出てきたポジティブな発言を大事にします。最後に、全体で前向きになっているイメージを大事にしながら望む暮らしを実現するための、それぞれの役割もしっかりと確認していきます。

公園と仲間とともに生きていく

暴力事件も収まったあと、災害時の青島さんの個別避難計画のために民生委員に声を掛け、サービス事業所と地域包括支援センターと一緒に会議を行うことになりました。もちろん場所はいつもの公園です。参加者はサービス事業所の職員、民生委員、自治会の人、ちょうど来ていた公園の仲間5人と、総勢20人ぐらいの会議になりました。近所の人が自分の家からいすを持ってきたりして青空の下で青島さんの避難計画についてワイワイ話し合いました。

近所の人は何かあったときの避難について、「俺がしげやん（青島さんの呼び名）を避難所まで連れていってやる」「車いすは自治会館にあるから鍵は会長の私が開けるようにする」とみんなで「こいつは守ってやらないと」と話していました。公園を守ってきた青島さんを地域の皆さんが守っていこうとしている、本当に青島さんは地域に愛されているんだなと実感した、素晴らしい時間でした。

そして、今日もまた、青島さんは朝早くから公園のベンチに座って、みんなが来るこの公園を、みんなの居場所を守っているのです。

6

アルコール依存、重度の糖尿病、知的障害、たくましく生き抜く家族の姿

●75歳、男性、アルコール依存症
●重度の糖尿病を患う内縁の妻と知的障害の息子
●介護サービスの不適切利用
●「お酒を我慢しなくていい」で始めた飲酒日記

個性的な家族とのかかわり

岸本さん（75歳、男性、要介護1）は、元々内縁の妻である林さんの介護をしていました。岸本さんは、以前から要支援1の認定を持っており、通院のため電動車いすを借りていたのですが、今回、介護保険の更新の手続きを行ったところ、要介護1の認定が出たため、地域包括支援センターから居宅介護支援事業所のケアマネジャーに交代となりました。そこで地域包括支援センターの担当だったケアマネジャーと林さんを担当している私の事業所のケアマネジャー、そして私が訪問して調整することとなりました。今回は岸本さんと林さんのケアマネジャーをそれぞれ別の人が担当する方がいいと考えたため、私の事業所からはケアマネジャー2人での訪問となりました。

岸本さん家族は、岸本さんと内縁の妻で要介護2の林さん、知的障害の高校生の息子の祐樹くんとの3人暮らしです。夫と妻が30歳離れていて、妻と長男も30歳離れています。そして生活保護受給世帯です。

この家族、なかなか個性的で、まず、岸本さんは、アルコール依存症でいつもお酒を飲んでいて、調子のいいことばっかり言う陽気なおじいさん。

内縁の妻の林さんは、45歳。身長は１５０㎝ぐらいですが、体重が１００㎏ぐらいあり、重度の糖尿病を患っていて、糖尿病性神経症で両足の指の先に血がいかなくなり壊死したため、足の指を切断しています。もちろん歩行は不安定で屋内は伝い歩き、外出時は電動車いすが必要です。

この夫婦、いつも口喧嘩をしていて、林さんは岸本さんに「早よ、死ね、くそじじい」、岸本さんも「うるさいわ、ほっとけ、ボケ」と聞くに堪えないケンカを繰り返しています。２人ともヘビースモーカーで家の中はすごいタバコの臭いです。

息子の祐樹君は特別支援学校高等部の1年生で15歳、会話はほとんどしなくて、携帯電話でゲームをずっとしています。いつも4畳半の居間に3人でこたつを囲んで過ごしています。

初回訪問時に岸本さんが利用していたサービスは電動車いすのレンタルのみで、今回要介護1になりましたが、本人は電動車いすの利用の継続だけが希望でした。基本的には要介護2からしか借りられない車いすですが、通院のために必要ということで主治医からの意見書をもらい、もう3年以上借りていました。前の前のケアマネジャーのときからということでした。

物だらけのプチゴミ屋敷

岸本さんの家は公営住宅ですが、古い平屋の長屋になっています。玄関は物だらけで使うことができず、家へは玄関からの訪問ではなく、4畳半の居間の窓から出入りする形になっていて、窓の下に林さんが介護保険のレンタルで借りている段差付きの手すりを置き、中に入るようになっていました。

居間は4畳半でこたつが押し入れの前にあり、押し入れは開けっぱなしで中は物だらけです。何か取れば、物がなだれのように落ちてきそうな感じです。押し入れの反対側には、タンスが壁一面に置いてあり、タンスの引き出しが少し開いているところに、引き出しからはみでる形で無理やり物を押し込んであったり、引き出しにハンガーで服が引っかかっていたりしています。部屋にはロープが2本張られていて、服がそのままかけてあったり、ピンチハンガーがほこりを被った状態でかけられていたりします。部屋は、いたるところで服や物が山積みになっていて、こた

かかわりのヒント

夫婦の担当ケアマネジャーを分ける

夫婦ともに要介護者のとき、同じケアマネジャーが担当することも多いかと思います。私の事業所でも、本人たちが同じケアマネジャーを望むことが多いので同じにすることもあるのですが、可能であれば分けるようにしています。夫婦は別々の人格です。夫婦で同じケアマネジャーが担当すると、夫婦間で意見や考え方が対立する場合、どちらにも寄り添うことが難しくなります。ケアマネジャーはその人の最善を一緒に考え寄り添う仕事であるのに、そのことが夫婦の意見が違うことでできなくなってしまいます。このような事態を避けるためにも可能であれば、夫婦は別々のケアマネジャーがいいでしょう。

つの周りだけが座れるようになっていました。ほとんどプチゴミ屋敷状態です。

こたつには、焼酎をストレートで飲んでいる岸本さんと、タバコを吸っている林さん、携帯ゲームをしている祐樹君の3人が座っていて、私たちはこたつの横を少し開けてくれたところにキャラクターの絵が描いてある子ども用の座布団に座るように促されました。ただ、1人しかそこには座れないため、もう1人は横に無理やり座り、話をすることになりました。3人目は座れず、窓際に立っていて、交代で座りながら話をしました。

電動車いすはドライブのため

挨拶すると、岸本さんから「山内さんがこれから僕の担当？よろしく頼んます。若いお姉ちゃんが良かったけど」と笑って話します。すると林さんが「エロじじい、何言っとんねん。若い姉ちゃんがケアマネなんかせえへんわ。あんたに選ぶ権利はない」とすぐつっこみます。私から「事業所は選べますよ。若くもないし、姉ちゃんでもないけど、良ければ、私が担当させていただきますがどうでしょう」と笑顔で話すと、「冗談、冗談。山内さんよろしく頼んますわ」と明るく答えてくれます。私は楽しい家族だなと感じていました。

岸本さんの意向は、これまで通り電動車いすを借り続けたいというものでした。聞くと近くの買い物などで使うとのことでした。しかし、よく聞いていると歩行はできているようで、何より犬の散歩は岸本さんの役割で、毎日小型犬の散歩に歩いていっているそうです。また、四六時中お酒を飲んでいるのも電動車いすで動くには心配な要素ですし、林さんの通院のために車も持っていて、岸本さんが運転して隣の県の病院まで受診に連れていっていました。

実は、地域包括支援センターのケアマネジャーからは、事前に、電動車いすの必要性は感じられないが、今まで3年間も借りていた実績があるのと、主治医が必要と診断書を書いている手前、利用し続けていると話を聞いていました。

岸本さんに、電動車いすの使い心地を聞いてみたのですが、電動車いすの運転は楽しいそうで、「昔していたトラック運転手時代を思いだすんや」と言われ、電動車いすでのドライブを楽しんでいる様子でした。借りる必要はないと思いましたが、この話だけでいきなり無理ですというものでもなく、その日は引継ぎだけで、楽しく話をして、契約や届け出の手続きをして帰りました。

事務所に戻ってから、主治医に挨拶がてら電話連絡し、車いすの必要性を相談しました。主治医は、「受診の際の歩行が不安定で外出時には必要」とはっきり言い、今まで通り、主治医の意見書を書いてもらうことになったのですが、これは歩行状態の確認と、本人との話合いが必要だなと感じました。

次の訪問時、夫婦としっかり話をしてみました。聞いてみるとなんでもざっくばらんに話をしてくれて、いろいろなことを聞くことができました。そもそも、2人ともバレなければなんでもいいという価値観で「山内さん内緒やで」と主治医のところでは足の悪い振りをしたり、認定調査でも悪い振りをしていた話をしていました。

しかも、岸本さんの電動車いすは、実は岸本さんでなく、林さんが使っていることもわかりました。実は林さんも電動車いすを借りていて、通院のときに車に積んで持っていくのが面倒くさいので、1台は近所で使うように、1台は通院のために車にずっと積んでおくようにしていたようです。

これはさすがに見過ごせないと思い、岸本さんに電動車いすがなくても生活が困らないかをしっかりと確認したうえで、これは今月いっぱいでレンタル中止にしてもらえないかと丁寧に頭を下げてみました。

最初は「言わなければバレないので内緒にしてほしい」と言っていた2人でしたが、こちらからもう一度、今月はなんとか主治医にも書類を書いてもらえたのと市にも掛け合うので、来月以降はレンタルを中止して電動車いすを1台返してほしいと真剣に話をすると、岸本さんが「わかった。もうすぐに引き取ってもらっていいで」と了解してくれました。すぐに、福祉用具レンタルの事業所に連絡し、引き取ってもらいました。福祉用具の事業所もアルコールを飲んでの運転が気になっていたので喜んですぐに取りに来てくれました。

岸本さんの男気を感じることができた出来事でした。

ちなみに岸本さんが介護サービスで唯一使っていた電動車いすのレンタルが中止になったので、介護保険の利用がなくなり、ケアマネジャーとして担当する必要がなくなるところだったのですが、心不全の薬がちゃんと飲めていないことから勧めていた訪問看護を利用することになり、ケアマネジャーとして支援が続くことになりました。

父親としての役割と飲酒日記

岸本さんは75歳という年代にしては身長が高く175㎝ぐらいあり、男前で昔はとてもモテたそうです。結婚歴が3回あり、林さんは4人目で、1人目と2人目にも子どもがいて、1人目の妻との子どもは林さんと同い年と言っていました。その子どもたちとはもう連絡も取れず、縁も切れているようでした。林さんは岸本さんのトラック仲間の妹で一緒に遊んでいるうちに付き合うようになり、一緒に住むようになったそうです。

トラック運転手がつらくなってきたころに祐樹君が生まれ、林さんも糖尿病が悪化していくなか子育てで手一杯になり、自然と岸本さんが慣れない家事をすることが増えてきたそうです。仕事を辞めてからは四六時中お酒を飲むようになったそうです。いつも陽気ですが、その裏には岸本さんにしかわからない苦労やつらさがあるのを感じました。

岸本さんは、祐樹君ともいつも言い合いをしていて「祐樹、ちゃんとせんか」と怒ると、祐樹君も「酒ばっかり飲むな、くそじじい」と言い返していました。初め

かかわりのヒント

不適切なサービスを整える　コンプライアンスに向けて

他のケアマネジャーから利用者を引き継いだときに、不適切なサービス利用ではないかと感じるときがあります。そんなときは、頭ごなしに否定するのではなく、話を聞きながら焦らず調整することが大事です。サービスを変えることは、利用者からすると今の生活を崩されることにつながります。そのようなことをするケアマネジャーは嫌なわけで、信頼関係が作れないまま、最悪はすぐにケアマネジャーの交代になってしまうこともあります。

明らかな法令違反であれば、サービスを継続していくことが難しいことを丁寧に伝えます。グレーゾーンであれば必要に合わせて行政にも確認や報告をしたうえで、利用者と信頼関係を構築しながら、粘り強くサービスの入れ替えをしていくことが大切です。

て聞いたときは、いつもはだんまりの祐樹君だったので、こんなこと言うんだと驚いたものでした。

それでも、岸本さんは祐樹君のことはちゃんと育てたいと思っていて、しつけようとして荷物を片付けるように怒ったり（どこが散らかっていて片付いているのかわからない家ですが）、毎朝の朝食は岸本さんが作って学校への送り出しをしていたりと、父親としての役割をしっかりと果たそうとしていました。

何度か訪問を繰り返していくなかで、アルコールの話をしっかりしたとき、意外にも「長生きしたいので、お酒を飲む量を減らした方がいいかな」と言ったのです。口では言わないのですが、やはり、林さんと祐樹君の将来が心配な様子でした。

次の月、私は飲酒量が書ける日記のページを印刷して、職場の使っていないファイルに挟んだ「飲酒日記」を持っていきました。岸本さんに「できるだけでいいので毎日飲んだ量を書いてほしい」とお願いしたのです。飲酒日記は、意外にもとても喜んでくれて「山内さんがこんなん作ってきてくれたぞ」と林さんに自慢し、林さんが「あんた日記書いても、酒やめな意味ないねんで」と怒られていました。

まず、今飲んでいる量を一緒に確認しながら、ファイルに挟んでおいた飲酒の危険性が書いてある紙を一緒に読んで、岸本さんがアルコール依存症であることを一緒に確認しました。そのうえで私は岸本さんと林さん2人にしっかりと伝わるように、「お酒は我慢しなくていいので、飲んだ量を正直に書いてほしい」とお願いしました。岸本さんは「わかった。任せておき」としっかり返事してくれました。

それからは毎月の訪問は飲酒日記の確認と新しい用紙の補充をしてくるようにしました。最初は私の訪問日に思いだしたと言って、その日の朝に少しだけ書いていたのですが、それでも私は「月に1日だけでも思いだして書いてくれて、本当にありがとう」と感謝し、また1日でいいから書いてほしいとお願いして帰りました。そのうち林さんも毎日声を掛けてくれるようになり、週に半分以上書いてくれるようになりました。不思議なもので飲む量も少しずつ減ってきており、本人も「お金が浮いたわ」と喜んでいました。

そしてついに休肝日も作ることができました。これには私も本当にびっくりしました。影の功労者はもちろん林さんです。お金がないときに林さんが、「どうせお金もお酒もないんやから、1日我慢して山内さん驚かしたり」と言って、何も飲ませなかったようです。休肝日ができたことを私が褒めまくり、岸本さんから「お祝いにお酒おごってくれ」と言われたときは喜びつつ、丁寧にお断りしました。

突然動けなくなる

そんなこんなで、少しずつアルコール量も減りながら2年近く経過した年末、不幸は突然舞い込んできました。

ある日、岸本さんが歩こうとすると急に左足が言うことを聞かなくなりました。休んで待っていると右足も動かなくなり、そのうち、下半身がまったく動かなくなりました。

緊急で訪問看護師に来てもらい、結果、入院となりました。脊髄梗塞でした。岸本さんは急に寝たきりになり、まったく動けなくなりました。ちょうどコロナ禍で、面会にいくことができなかったのですが、本人は看護師に冗談を言いながらもかなり落ち込んでいる様子でした。アルコール依存症の離脱症状も重なり体調が整わず、さらに原因不明の下血や発熱、ひと月過ぎたころには腎機能不全がひどくなり、治療による改善の見込みがなく、病院からは、あとどれくらい生きられるかわからな

かかわりのヒント

プランニング　本人が達成できる目標を

ケアプランの「目標」は、本人ができることを書くのが効果的です。岸本さんの場合、「お酒をやめる」とか「お酒を減らす」などと書いたところで、達成はできませんし、ケアプラン自体見てもくれません。ケアプランに「飲酒日記を毎日書く」と記載すると、サービス担当者会議でもノリノリで「毎日書くわ」と話していました。ケアプランの「目標」を作るうえで大事なことは、①具体的で、②達成可能で、③本人の目標であることです。本人目線の達成できる目標を一緒に考えて書くことで、具体的な行動を起こすことができれば、本当に生活が変わります。高齢になってもより良い生活に自分から変わっていくことができればどんなに良いことでしょうか。ケアプランにはその力があります。

いと連絡がありました。本人もとてもつらい状態で、寝ている時間も多くなってきていました。林さんは、会えないのがつらいと毎日泣き、連れて帰りたいと訴えるようになりました。

病院は家族に介護力がなく、在宅療養は難しいと考えていました。林さんのケアマネジャーも訪問看護師たちも帰ってくるのは難しいと考えていて、私が「もし帰れるなら」と話をしても、「ベッドを置くところもありません」と言われてしまいました。そこで私は何よりも本人の希望が大事と考え、病院に本人の思いを確認してもらうことにしました。本人は「家に帰りたい、息子の将来が気になるのでいてやりたい」と言っていると聞きました。それを聞いた私は、林さんと相談し家に連れて帰ろうと話し合いました。林さんに家を片付けベッドが置けるようにすることをお願いすると、身体が不自由ななか祐樹君と毎日必死に片付け、ベッドを置くスペースを自分たちで確保しました。これはもう帰るしかありません。

病院の担当医に、「岸本さんが家に帰りたいと言うので自宅退院できませんか」と相談すると、環境が整えば自宅への退院をしてもいいと言われました。そこで訪問診療医、訪問看護、訪問介護ステーション2か所、福祉用具のレンタル、訪問入浴サービスを調整し、サービス担当者会議をしたうえで、退院することになり、在宅療養を開始しました。

家に帰ってきた岸本さんはとても喜び、タバコを吸いながら、「生き返った」と笑顔で話していました。林さんも「タバコで生き返るか」と相変わらずつっこんでいましたが嬉しさがこぼれていました。

タバコは吸いまくっていたのですが、こうなったのがお酒のせいと思った林さんは、主治医の言うようにお酒は一切飲ませないようにしていました。本人も飲みたいとは言わず、お正月もお酒は飲みませんでした。

最後のヱビスビール

もって1か月ぐらいと言われて帰って来た岸本さんですが、3月に入っても頑張って生きていました。腎機能はかなり悪くなっているようで、寝ている時間も多く、反応も少なくなってきました。

実は、この春は祐樹君が卒業する年で、就職先も決まり、知的障害者のグループホームに入所しながら働くことになっていました。祐樹君の卒業式には岸本さんは参加できなかったのですが、卒業はとても喜んでいました。

卒業式の数日後、状態が悪くなり、意識混濁が続く状態となりました。主治医からはもってあと2～3日ぐらいとの話でした。状態が悪くなったと聞いた私は訪問し、本人に何度も話しかけました。すると目は開けないし、言葉は出ませんでしたが、少しうなずいたりしてくれました。私は、祐樹君の卒業の話やこの先の就職の話をして、「祐樹君も立派に成長しましたね」と褒めたたえました。それを聞いて、岸本さんは何度もゆっくりとうなずいて、喜んでいるようでした。

そんななか、隣にいる林さんと「岸本さんはお酒飲みたくないのかな？」という話になり、林さんが岸本さんに「あんた、お酒飲みたいか？」と聞いてみると「飲みたい」とうなずいているように感じるのです。目を合わせた林さんと私は、これは最後に一緒にビールを飲むしかないという話になり、私は「内緒ですよ」と言いながら、林さんが大事に冷やしていた虎の子のヱビスビールを開けて3人で乾杯をしました。岸本さんには口腔ケアに使うスポンジをビールで湿らせて何度も口に運びました。弱い力ながらスポンジを吸っている岸本さんをみて、林さんが「あんた、

かかわりのヒント

依存症への対応

アルコールなどの「依存症」は、努力で改善できるのであれば依存症ではないので、「やめましょう」は意味がなく、やめられなくてモチベーションが下がるだけになりがちです。依存症の人の支援は、何より専門医療機関での治療が大切です。ただ今回は、飲酒日記がとてもうまくいきました。アルコールをやめなくていいのなら、飲酒日記は嫌なものになりません。書いたらケアマネジャーや妻からも褒められるとまた書こうとなります。そして妻も協力してくれるとさらに書くようになります。飲酒はやめられませんが、飲酒日記をつけるという行動が夫婦でできるようになり、飲酒量が増えることはありませんでした。飲酒日記による行動変容が、夫婦関係、家族関係の改善にもつながった素晴らしいケースでした。

うまいやろ。ヱビスやで」と涙ぐんで、肩をさすりながら話していました。

その次の日、岸本さんは78歳で亡くなりました。

お酒を飲みまくり、自由に生きてきた岸本さんでしたが、最後に大事だったのは父親、夫としての役割でした。

岸本さんには、人は行動を変えることができるのだ、変わることを信じることの大切さという、大事なことを教えていただいたと思っています。ヱビスビールを見ると岸本さんの最後の晩餐を思いだし、感謝の思いがこみ上げてきます。

※ヱビスビールはサッポロホールディングス株式会社の登録商標です。

7

「死にたい」に寄り添う

- ●66歳、男性、要介護2。ＡＬＳ診断を受ける
- ●介護者の姉との確執で強まる希死念慮（死にたい気持ち）
- ●自殺未遂と施設への入所、そしてまた姉のもとへ
- ●時間と空間をともに過ごすただ傍（そば）にいるという支援

布団にくるまり顔を見せない初めての対面

「もう死ぬからほっといてくれ！」

広瀬さんから聞いた初めての言葉でした。しかも、老人保健施設の居室で、家族や関係者がベッドの周りにいるなか、頭から布団にくるまって小さくうずくまりながら、小さなかすれた、それでもふりしぼって出したような叫び声でした。

広瀬さん（66歳、男性、要介護2）は、広島県生まれの5人兄弟の末っ子で、上に姉が2人、兄が2人います。今、広瀬さんのケアに関わっている1人暮らしの2番目の姉とは年齢が10歳離れています。広瀬さん自身は、若くして結婚しましたが子どもはおらず、妻を12年前に亡くしています。その後実家で両親と暮らして2人を看取り、その後は独居生活を送っていました。仕事は公務員で、課長にまでなり、定年後も再任用でこの病気になるまで働いていました。

昨年、字が書きづらい、細かな作業ができない、歩くとふらつくなどの身体の異変に気がつき病院にいきました。しかし、その病院では診断がつかず、自分でインターネットで症状を調べ、かかりつけの医師を通して大学病院を受診し、難病である筋萎縮性側索硬化症（ＡＬＳ）と診断を受けました。診断を待つ間にも症状は進行し続け、診断後しばらくすると、１人暮らしが困難になり入院となりました。その後転院を繰り返し、２日前に現在の老人保健施設への入所に至ったようです。

先月66歳になったばかりの広瀬さんは、自分が高齢者の施設に入ったことが納得できず「姉にだまされた」「こんなところにいるぐらいなら死ぬ」と、食事もとらない状況が続いていました。困った施設職員と姉が話し合い、姉が自分の家に引き取ることにしました。姉は地域包括支援センターに相談し、そしてケアマネジャーとして私が関わることとなりました。

死にたい、ほっといてくれ

広瀬さんは初回の面談では、姉が自分の家に連れて帰る話をしても、布団をかぶったままでしゃべらず、地域包括支援センターの職員の呼びかけにもまったく答えず、ひたすらだんまりでした。みんなで声を掛け続けると初めて発した言葉が、冒頭の「もう死ぬからほっといてくれ！」でした。すでに病気の進行でろれつも回らなくなり、声も大きくは出せない状況と聞いていたので、広瀬さんなりの精一杯の声だったのだと思います。その後は、本人からの意見はないまま、とりあえず明日退所することになり、姉の家に移ることが決まりました。私は別れ際に、最初の挨拶以外では初めてお声掛けし、「広瀬さん、ここに来たのは、おつらかったのですね。また、お姉さんの家にお伺いしますので、よろしくお願いしますね」と伝えて帰りました。

次の日、退所後を見計らって姉の家に伺いました。広瀬さんは一言も話さず帰ってきたそうです。

部屋に入るとき、声を掛けて入っても返事がなく、広瀬さんは布団をかぶって横になっていました。近寄って再度挨拶をしますが、返事がありません。その様子を見た姉は怒って、「ちゃんと挨拶して！これから世話になるケアマネさんよ」と言いました。すると「帰って、ほっといて」です。姉はさらに怒るのですが、広瀬さんは布団にくるまってだんまりです。見かねた私は、姉が怒っているのを丁寧に収めて「また、来ますね」とだけ伝えて帰りました。私が面談した日は姉にも「ほっといて」とずっとしゃべらなかったようですが、ベッドの横にご飯を置いておくと、あとで1人で食べていたり、トイレにいきたくなったときに姉を呼び、言い合いになりながらなんとか手伝ってもらいトイレを済ませたそうです。

次の日には、福祉用具専門相談員、訪問看護師と一緒に訪れ、サービス担当者会議をしました。広瀬さんは何もしゃべらなかったのですが、トイレの手すりの位置の確認にはうなずいてくれ、訪問看護師の血圧や動作確認には対応していました。

こうして姉の家での生活が始まりました。

「死にたい」に寄り添う

お姉さんの家での生活はそれなりに受け入れたようで、たまにテレビを見たり、スマホを触ったりしながら過ごしているようでした。食事も好き嫌いは激しいものの食べるようになり、トイレにも自分でいき、お風呂も自分でシャワーだけで過ごしていました。私たち介護関係者にも、調子がいいと質問に答えてくれるときが出てきました。ただ、二言目には「死にたい。生きているのが嫌、死んだ方がまし」と話しました。

最初は、広瀬さんの訪問は大変でした。ベッドで壁側を向いて寝ていて、何を聞いてもほとんど話さない日が続きます。たまにしゃべると「もう死にたい」です。でも「死にたい」も何も話さないよりいいかと思い、「話してくれてありがとうございます。つらいですね」と返すとうなずいてくれたりしました。

最初のうちは会話にならないので、昨日の野球の話や最近見た映画の話を私から30分ぐらいして、訪問のお礼を言って帰ることを繰り返していました。帰り際には広瀬さんの部屋から離れたリビングで姉のぐちを30分ぐらい聞いて帰るのが通例となっていました。

広瀬さんは半年ぐらいすると少しずつ話に答えてくれるようになり、だんだん今までのことを話してくれるようになりました。登山が好きで、世界中の山を妻と訪れたこと。旅行以外にも、映画鑑賞、競馬が趣味なこと。自分で料理を作るのが好きだったことなど、いろいろ話をしてくれるようになりました。

ただ、気になったのが姉との関係です。人の世話にお礼も言わない、食べ物も好き嫌いが多くわがまま、何かあったら布団にもぐって怒鳴って「出ていけ」と言う弟に対して、姉はどうしていいのかわからないのが本音のようです。広瀬さんは、常に上から目線の姉の言動が嫌で、そんな姉の世話になるのも嫌で、今ここに住んでいないといけないことも死にたい理由の1つと言っていました。

自殺を図る

姉の家での在宅生活が半年程経過したころ、病気の進行による便秘がひどくなり、下剤による下痢から排泄の失敗が続いたときがありました。姉に世話を受けるなかで言い合いも続き、広瀬さんもひどく落ち込んで「死にたい。死んだ方がまし」という発言をいつもよりも繰り返すようになっていました。そんななか、広瀬さんが姉の作った食事に文句を言ったことがきっかけで姉から「あんたの面倒はもうみられない」と言われました。

広瀬さんは、その日の晩に、睡眠導入剤を大量に飲んで自殺を図りました。朝、息はしているが全然反応しない広瀬さんを姉が発見し、ベッドの横に大量の薬のゴミを見て、あわてて往診医に連絡しました。命に別状はなかったのですが、本当に自殺企図があったことに、関わっている専門職みんなが驚きました。

次の日訪問し、広瀬さんと時間をかけて話をしました。最初は何も話をしてくれなかったのですが、時間をかけ、丁寧に言葉を掛け、返事を待っていると、「これ以上迷惑をかけたくないから死んでしまおうと思った。ここにいられなくて老人施設にいくぐらいなら死んだほうがましと思った」と言いました。動きが徐々に悪くなっていること、これからもっと悪くなっていくのが不安なこと、トイレに自分でいけないのなら死にたいと思っていることなどを話し、最後に「何か」あったら私が来て助けてほしいと言われました。「何か」については聞いても話してくれませんでした。

被害妄想と姉との確執

この出来事を境に、広瀬さんと姉の関係は悪化していきました。姉は私に「もう看るのがつらくなってきた」と言い、将来のために施設を探してほしいと頼まれました。広瀬さんは「姉が怖い」と言うようになり、そのうち「姉が自分を殺そうとしている」「病院に入れようとしている」と私や訪問看護師に訴えるようになりました。

かかわりのヒント

ただ傍(そば)にいるという支援

自殺企図（自殺を企てる）や希死念慮（死にたいと願う）がある人には、うつ症状への対応と適切な治療が必要ですが、私たちケアマネジャー自身がそれに対する大事な社会資源ともなります。社会的なかかわりのなかでの支援のことをソーシャルサポートと言いますが、その1つに「社会的コンパニオン」というものがあります。この「社会的コンパニオン」は共にいることによるサポートで、相手の重荷にならない形で共に過ごすというものです。同じ時間を一緒に過ごすだけでも情緒的（気持ちに対する）サポートになります。広瀬さんのような希死念慮がある人への支援の場合、「あなたのことを気にかけています、あなたのそばにいますよ、私にとってあなたは大切ですよ」と伝え、時間と空間を共有する、言い換えると一緒に過ごすこと自体が支援になります。

あるとき、訪問看護師が布団の中にハサミがあるのを発見し、理由を聞くと、「姉が自分を殺そうとしているので、そのときに自分を守るためだ」と言います。看護師もどうしていいかわからず、とりあえず本人が取れないところにハサミを置いて、姉にも言わずに帰ってきたと私に連絡をくれました。正直、それを聞いた私もどうしていいかわかりませんでした。

そこで私は、保健所の広瀬さんの担当保健師と相談して、広瀬さんや姉を呼ばずに、医療・介護関係者だけでカンファレンスを行うことにしました。参加者は、往診している主治医、訪問看護ステーションの看護師と理学療法士、ケアマネジャーの私、地域包括支援センターの職員、保健所の保健師です。話した内容は、次の通りでした。

- 被害妄想は病気の進行と薬の副作用の可能性がある
- ハサミは不安の表れで取り上げると危険性があるため、ハサミを持っている理由を聞きながら、そのまま持たせる
- 主治医が被害妄想の軽減のための、薬物療法を進めていく
- 姉と関係者で話をして、広瀬さんの今後の居所を考えていく

その後、姉と主治医、私、担当保健師で話合いをしました。姉は「もう限界で、どこか弟が療養できる違う場所を探してほしいと思っていた」と話しました。そして話合いの結果、施設を探していくことと、主治医から話をして薬物療法を進めていくこととなりました。

施設へ入所

姉と話し合った次の日でした。朝一番に広瀬さんから電話がありました。「すぐ来て。殺される。助けて。早く、早く」という内容でした。内容が内容なだけにすぐに訪問し、本人と1対1で話を聞きました。本人からは「姉が昨日から態度が違う。どこか精神病院にでも入院させられる。怖い、殺される。怖いからどこかに連れだしてほしい。ほっておかないで」と、たどたどしいなかでも次から次へと止まることのない訴えでした。

訪問看護師にも来てもらい、本人を1人にさせないようにしながら、姉とも話をしたうえで、本人と丁寧に話をし、在宅ホスピスに移ってもらうこととなりました。

隣の市にある在宅ホスピスまで介護タクシーを呼び、私も一緒にいきました。姉も契約などがあるため、別であとから追いかけてきたのですが、本人が会いたくないと言うので、契約だけしてもらい、面会しないで帰ってもらいました。

結局、自宅に帰ることに

次の日、施設から電話で、本人が部屋にトイレがないので違う施設を探してほしいと訴えていると連絡がありました。さらに、担当保健師からも連絡があり、施設入所には合意していたはずの姉が、「ケアマネジャーが昨日弟を無理やり連れだした、本人とも会わせない、本人が無理を言っているのをなだめるのがケアマネジャーの仕事ではないか、ケアマネジャーを早急に代えてもらい、弟を家に帰してほしい」と訴えてきたようでした。姉は、話し合いでは弟の療養できる場所を探してほしいと言っていましたが、今回のことは受け入れることができず、ケアマネジャーに怒りをぶつけてきたようでした。

在宅ホスピスへ広瀬さんに会いにいくと、広瀬さんは「この家は部屋にトイレが

かかわりのヒント

相談できる先をたくさん持つ

ハサミの対応で訪問看護師が悩んだように、私たちは答えのわからない対応に迫られることが往々にしてあります。そのようなときの鉄則は、1人で悩まないことです。とりあえず相談できる先をいくつも持っておくと、1人で悩まずに済みます。たとえば、難病の人は保健所に難病患者ごとの担当の保健師がいます。地域包括支援センターも困難事例の相談に乗ってくれます。そしてカンファレンスを開き、関係者が集まって話し合うことでより良い方法が見えてきます。何より、その人の人生の方向性はケアマネジャーが背負うにはあまりにも重すぎます。本人の人生は本来、本人が背負うものですし、支えるのもケアマネジャーだけでするものではなく、多くの支援者であるべきです。ケアマネジャーの役割はそのチーム作りと言えるかもしれません。

ないから嫌、姉の家に帰るのも、姉に会うのも嫌、どこかいいところに移してほしい」という訴えでした。少し時間が欲しいことを伝えると、「それまで我慢する」と言われました。

次の日にまた本人から呼びだしがあり、「隣の部屋の利用者が盗聴している。気付いたら自分の部屋の中で立っていて様子を見ている。監視されている。早く出してほしい、姉の家でもいいのでどこかに移して」と訴えるようになりました。

主治医と担当保健師、地域包括支援センター職員と相談し、主治医が話をして精神安定剤を処方することと、本人が良ければ姉としっかり話をさせて今後の生活を決めてもらうこととなりました。

広瀬さんに確認すると、姉とは会いたくないと言う一方で、姉の家には帰りたいと支離滅裂なことを言っており、最終的に、「山内さんが同席するのなら姉と会ってもいい」と言われました。

主治医と私とで調整して、在宅ホスピスで広瀬さんと姉と面会してもらうことにしました。姉は広瀬さんに「あんたは山内さんにだまされているのよ。私のところに帰ってきなさい」と言い、広瀬さんは「そんなこと言うなら帰れ」と言うので、話合いにならなかったのですが、ある程度落ち着いて話せるようになったところで、主治医から広瀬さんへ、どこで過ごしたいか聞くと「姉の家がいい」と言い、2時間の話合いの結果、姉の家に帰ることになりました。

担当交代と、最後の挨拶

その日のうちに担当保健師のところに、姉からケアマネジャー交代の依頼があったと連絡がありました。

保健師が家に訪問し、姉と広瀬さんにそれぞれ別に確認すると、姉は「山内さんにだまされ、弟と引き離された」と怒っている様子だったそうです。広瀬さんと面談すると、「僕はケアマネジャーは山内さんしか嫌。ケアマネジャーを代えたいのは姉の希望で、姉は僕の言うことを聞いてくれない。姉には面倒を見てもらわないといけないのでケアマネが交代するのは仕方がない。山内さんには申し訳ない」と落ち着いて話をしていたそうです。

本人も受け入れているということで、ケアマネジャーは地域包括支援センターに相談し、交代することとなりました。

本人がどうしても私に会いたいと言っていると主治医から聞いた私は、主治医を通して姉に許可を取り、また主治医も立ち会うことが条件で、広瀬さんに最後の挨拶にいきました。

広瀬さんは「身体の調子も少しましです。自分でトイレにいけています。僕は山内さんが良かったけど姉が聞かないから。山内さんごめんなさい。すみません」と何度も謝られました。気にしないように伝え、今までのお礼を丁寧にし、握手をしました。広瀬さんから「また電話していいですか」とも言われ、「もちろん」とお伝えし帰りました。

その後、しばらくして次のケアマネジャーから話があり、広瀬さんと姉との会話は今もほとんどないが、姉は広瀬さんに優しく関わっているそうでした。広瀬さんは、看護師や理学療法士、ケアマネジャーとは穏やかに話をし、自分でできることは頑張ってやるようになり、今の人生を受け入れてきているように感じられると聞きました。交代したケアマネジャーに時折、「山内さんは元気ですか?」と聞かれることがあり、「よろしく伝えてほしい」と言ってくれているようです。

振り返ると、あのカンファレンスを受けた話合いが姉の行動を変え、大きく動くきっかけになったのは間違いなく、もう少しやり方が違ったら別の未来もあったのかとも思うこともあるのですが、あのときは私もみんなも最善を尽くしたのは間違いなく、広瀬さんが最終的に、自分の人生と向き合えるようになったことに、少しは関わることができたのではないかと自分なりには思うようにしています。

半年ほどしたあとに、広瀬さんが有料老人ホームに入所し、穏やかに過ごされていると風の便りで聞き、どうしているのかな、施設入所も受け入れられたのかな、今は死にたくはないかな、きっとこれで良かったのではないかな、と勝手に想像し、懐かしい温かい思いに浸りました。

8

妻に去られ新たな人間関係を持てなかった末の孤立死

- ●88歳、男性、認知症で要介護2
- ●中国人妻の帰国と本人の深まる孤立
- ●かたくななサービス拒否の末の孤立死
- ●本人が望む暮らしの支援と信頼関係の構築

防げなかった孤立死

金井さん（88歳、男性、要介護2）とのかかわりは、私の中でとてもつらくて苦い思い出です。金井さんは関われば関わるほど、かかわりを切ろうとしてきて、ついに孤立死をしてしまいました。私のかかわり方が違えば、守れる命だったのではないか、孤立死を防ぐことができたのではないかと今でも悔やまれます。思いだすとつらいのですが、振り返ってみたいと思います。

中国人妻の帰国と初回面談

「この人、何もできません。認知症です。なんとかしてください。私は中国、帰ります。もう知らない」

金井さんへの初回訪問の面談で、ほぼ1人で話していたのは中国人の妻でした。内容は「この人はこんな人ではなかった。家事も全部自分でしていたし、私の分もしてくれていた。中国に娘がいて、娘が住んでいる家もこの人が建ててくれて、そ

かかわりのヒント

孤独死と孤立死

孤独死と孤立死は、どちらも「誰にも看取られず1人で亡くなっている状態」を指す言葉ですが、少し意味合いが違います。孤独死は、亡くなるまでの家族や近隣とのつながりは関係ありません。孤立死は、「家族や近隣の人との関係が希薄で、社会から孤立した状態で誰にも看取られず1人で亡くなっている状態」をいいます。ですから独居でも、朝、近所の人と挨拶や話をして、夕方に家族が訪問して亡くなっていた場合は孤独死で、孤立死ではありません。孤立死の特徴は、亡くなっていることに家族も近隣も気付くようなかかわりがなく、数日から数週間経って、亡くなっていることがわかる場合をいいます。孤立死はそのことが不幸なだけでなく、孤立死になるような社会的なかかわりの薄さ自体が不幸なことです。孤立死をなくすことが社会に求められています。

んな優しい人だったのに今は怒るばっかりになってしまった。認知症になってしまって何もできなくなってしまった。洗濯機にリハビリパンツを入れる、家をゴミだらけにする、歩くのもままならない。私も病気なのでこの人の面倒をみることができません。明日、中国の娘のところに帰ります」などの話を繰り返し話していました。

金井さん本人は、最初は同じリビングでソファーに座り聞いていましたが、妻の話を聞いていて腹が立ったようで、「自分でできる。勝手に帰ったらいい。今まで全部家事は俺がやってきたけれど、本当なら家事は妻の仕事やろう。娘のために家も建ててやったのに」と怒鳴りだしました。妻も負けてはおらず、「家事はあんたがやるって言った。自分でできるって?何もできないくせに」と言い返します。私と、一緒に訪問していた地域包括支援センターの職員2人で、夫婦の間に入り、なんとかケンカを収める始末です。

このとき、決定的なミスをしたことにあとで気づきました。私も地域包括支援センターの職員も明日には妻がいなくなることに焦っていて、金井さん本人からでなく、妻の話を中心に金井さん本人のこれからの困りごとを聞いてしまったのです。

かかわりのヒント

インテーク　初回の信頼関係の大切さ

インテーク（初回訪問）時は、利用者本人との関係性の構築が重要です。利用者はインテークのときには、今起きている問題への不安だけでなく、目の前のケアマネジャーがどんな人なのかという不安も持っています。今回の金井さんの場合、ケアマネジャーの私は金井さんにとって、自分を捨てて帰ってしまう妻が呼んだ妻側の人物で、金井さん自身のことをわかってくれる自分の味方とは思えなかったはずです。このボタンの掛け違いを最後まで直すことができませんでした。私は金井さんから、インテーク時に訴えの大きい家族の意見ばかり聞くのではなく、本人の声に耳を傾け、不安に寄り添いながら、本人との信頼関係を築くことの大切さを教わりました。

正直、金井さんの判断能力を疑っていたのも事実です。私たちが真剣に妻の話を聞いていると金井さんは、「俺はもう知らん。勝手にしろ」と言って、部屋から出ていき、隣の寝室で寝てしまいました。本人は自分に話しかけてくるわけでもなく、妻の話だけを聞いている私たちをどう思っていたのでしょうか。私は金井さんが寝室にいってしまったとき、「しまったな」と心の中で思ったその情景を、今でもしっかりと思いだすことができます。

それでも介護保険の申請の手続きや契約を妻と交わし、妻の中国での連絡先を確認したり、落ち着いたら日本に帰ってくるかどうかなどを質問したうえで、明日からのヘルパーの調整の話をしていきました。

帰り際には、寝ている金井さんの横にいき、丁寧に挨拶をしたうえで、明日ヘルパーと訪問する了解を取りました。金井さんは「好きにしたらいい」と言い、初回面談は終わりました。

今までの生活と入院の経緯

妻に去られ新たな人間関係を持てなかった末の孤立死

金井さんは、30年前に最初の妻と死別し、保険会社を定年退職したあと、20数年前に今の中国人の妻と知り合いました。当時、妻が働いているお店に飲みにいったときに気に入り、金井さんから声を掛けて結婚に至ったそうです。今の妻と結婚したころから、先妻との間に生まれた1人息子とは連絡を取らなくなったと聞きました。妻は中国に先夫との娘がいて、金井さんはその子のために中国に家を建て、10数年前までは中国にも夫婦でよくいっていたそうです。

金井さんは10年前に前立腺癌が見つかり放射線治療をしたのですが、退院後は通院もせず継続的な治療はしなかったそうです。病院は基本的に嫌いで、腰痛で整形外科に時々湿布をもらいにいくぐらいだったようです。

ところが金井さんは、2か月前にバスから降りて少し歩いたところで急に倒れ、救急搬送され、心不全と大動脈解離で入院となりました。入院中にせん妄が出てきて、会話がかみ合わない、勝手に歩く、大声で怒るなどの行動がみられ、地域包括支援センターに相談があり、介護保険の申請につながりました。そのうち本人が帰ると言ってきかなくなり、まだ入院加療が必要な状態でしたが、本人希望で退院となりました。家に帰っても、今までできていた家事ができなくなり、元々家事をしていない妻が困り、ケンカの末、妻は中国に帰ることにしたようです。妻から地域包括支援センターに連絡があり、「あとは任せたい」と言われ、介護保険の認定はまだ出ていなかったのですが、要介護認定が出るだろうという想定で、居宅介護支援事業所の私に声が掛かり、今回の初回面談となったのです。

ヘルパーの拒否

初回訪問の次の日、ヘルパーステーションのサービス提供責任者と一緒に、金井さんの家を訪問しました。金井さんは、私のことを覚えていて、家の中に入れてくれました。金井さんから妻は今朝早くに中国に帰ったと聞きました。家事に困っているというのでヘルパーを連れてきた話をすると、「自分でできる。ヘルパーはいらない」と言ってききません。家の中を見渡すと、ゴミは散乱し、汚れた服があちこちにあり、洗濯もできていない様子です。食事のことを聞くとカップラーメンを食べたと言われ、汁の残ったカップラーメンの容器が机の上に置いてありました。話を丁寧に聞くと、掃除は自分でできると言いますが、洗濯は干すのが大変と言い、

かかわりのヒント

本人の意思の尊重と信頼関係の構築

ここでもまた私はミスをしています。認知症があったとしても、自分の生活、人生を決めるのは本人です。金井さんにとって、私のかかわりは金井さんを尊重し、金井さんの自己決定を大切にしているようには見えなかったでしょう。今回、金井さんの意思は、適切でなかったとしても可能な限り尊重するべきでした。金井さんが自分で家事をしたとしても、明らかな命の危険や生活破綻が想定できるとは、まだ言い難い状況でした。強引なサービスの誘導が、信頼関係の構築にマイナスに働いたことは疑いようがありません。

洗濯を中心にヘルパーが手伝うことでしぶしぶ了解しました。私はとりあえずサービスにつながったとほっとしました。

ヘルパーとの契約に移り、利用料の話になったときに、「お金がいるのならいらん、そもそも家事はできる」とサービスの拒否をされました。お金がかかる話はしていたのですが、認識できていなかったのか、忘れてしまったのか、「聞いていない」の一点張りでした。私はやはり認知症があるのかと感じ、1人暮らしへの不安があったため、少し強引にヘルパーの導入を勧めました。最終的になんとかヘルパーの受け入れも了承してくれ、その日も洗濯と少しの掃除のサービスをして帰ることとなりました。このときは、そのうち受け入れてもらえると思っていました。

ヘルパーが次に訪問したときは、拒否がありながらなんとかサービスを受け入れてくれたのですが、3回目以降は家にも入れてもらえなくなりました。私も訪問して確認すると、「ヘルパーはいらん、妻に連絡して帰ってくるように言ってくれ」とサービスをかたくなに拒否し、中止せざるを得ませんでした。

妻に国際電話をして相談してみましたが、「私は帰れない。そちらでなんとかして」と切られてしまいました。

訪問看護もやはり拒否

ヘルパーのサービスが中止となったあとは、毎月1〜2回、私が訪問し安否確認を行うことにしました。家の中は、ゴミ出しができないためゴミだらけになっていましたが、尿臭はなく、トイレはなんとかいけているようでした。食事も近くのスーパーに総菜を買いにいき、食べることができているようでした。通院は相変わらずどこにもいっていない様子です。

関わって3か月が過ぎたころ、金井さんは買い物にいく途中に道で倒れ、救急搬送されて、心不全のため入院となりました。病院の担当医から本人へ、「今の生活には問題があり、せめて訪問看護でも利用しないと帰せないです」と説明があり、退院に合わせて訪問看護の利用となりました。また、病院は、近隣の医院をかかりつけの主治医にして通うように本人と調整したうえで、退院となりました。

私は、これはいい機会と思い、主治医に挨拶にいき、金井さんにサービスの必要性を重ねて伝えてもらうようにお願いしました。

退院して、利用開始となった訪問看護ですが、最初の2回だけは受け入れてくれたものの、やはりもう来なくていいと言われ、家にも入れてくれなくなりました。主治医には薬をもらいにその後も3か月ぐらいは通っていたのですが、訪問看護を促す主治医に嫌気がさしたようで、通わなくなってしまいました。

私の訪問も、訪問看護を拒否したころから家に入れてくれなくなり、玄関先やインターホンで話をするのみで帰る日が続きました。

私の受け入れが難しいようであれば他の方法をと思い、地域包括支援センターにも頼んで訪問してもらったのですが、やはり家に入れてもらえません。地域包括支援センターから民生委員にも相談したのですが、元々金井さん夫婦自体が近隣とも関係が悪かったようで、地域の見守りも難しい状況でした。

それでもなんとか、生活を支えたいと思い、月に2回は訪問し、安否確認をするようにしていました。地域包括支援センターにもお願いして、時折安否確認に訪問してもらうことにしました。

かかわりのヒント

判断能力が不十分な人の意思決定支援

私が考える判断能力に問題がある人の意思決定支援の方法は、次の通りです。

①認知症等で本人の意思がわからない、もしくは不適切な判断であっても可能な限り本人の意向を確認して尊重し、繰り返し確認していく。

②本人の意思が聴けない、意思が真意か疑問がある場合は、本人に関わっている関係者で「もし本人が適切な判断ができるのであればどうするか」（推定意思）を検討する。

③関係者が集まって決めた判断に対し、後見人及び本人に近い親族（相続人）の承認を取る（決定後の混乱を避けるため）。

それでも本人の推定意思が親族も含め誰もわからない状態であれば、その時点の関係者で本人にとっての最善の方針を慎重に検討していきます。

年明けに孤立死

金井さんが退院してきて3か月が過ぎた12月26日、年末の挨拶も兼ねてインターホン越しに話をしました。「別に問題ない、自分でできている。妻も帰ってこない」といつもの話をして帰ったのですが、今思うといつもより声が弱かったようでした。

1月に入り年明けで慌ただしくしているなか、訪問にいかないといけないと思いながらなかなか訪問できていなかったところ、地域包括支援センターから電話がありました。金井さんが家で亡くなっていたそうです。隣の人から異臭がすると警察に通報があり、警察が家に突入したところ、家の中で亡くなっていたのを発見したそうです。1月15日でした。新聞は12月30日から玄関の新聞受けの下にたまっていたようで、そのころに亡くなっていたのだろうと推測されました。

年末年始もあり、3週間訪問しなかったのは関わりだして初めてのことでした。早く訪問したから何かが変わったとは思いませんが、年末に家で孤独死して、お正月過ぎの15日まで見つからないのはなんと寂しいことでしょうか。まさに孤立死でした。

電話で訃報を聞いたあと、11月に偶然、顔を見たときのことを思いだしました。今思い返せば金井さんと顔を合わせて話したのはこのときが最後でした。金井さんはちょうど買い物帰りでスーパーの袋を持って歩いていて、金井さんの家に訪問しようとしていた私と、家の前でばったり会ったのです。私が生活で困っていませんかと尋ねると、「あんたらはお金儲けのことばかりやろ、いらんと言ったらいらんねん。医者もグルになって押し売りや。自分でできてるからいい。よその人に家のことをしてもらうもんじゃない。妻がしたらいいんや。そうやろ」。

そのとき、私は初めて押し売りと思われていることを知りました。サービスを必要と思っていたのは、医療・介護関係者であって金井さん本人ではなかったのです。本人は妻に面倒をみてほしかったのです。そう思えば、「妻に連絡取れ」と何度か言われていたのも、私のことは妻の関係者と思っていたからかもしれないと気付きました。

私は、いくつもボタンを掛け違い、何かしてあげないといけないと思い込み、本人の思いを聴けていなかったように感じました。反省することはできても時間は元には戻りません。金井さんが孤独なまま、社会で孤立して亡くならずに済む方法があったのではないかと今でも自問自答することがあります。

ただ、金井さんの孤立死は、私自身にとってはかけがえのない経験となりました。2度とこんなふうに死なせたくないと思いながら、独居の人と関わるようになりました。

金井さんに教えてもらったのは、「私たちがするべきことは、本人が望む暮らしを支援する仕事であって、本人をレールに乗せることではない、本人と本音で話し合える関係性づくりが何より大切である」ということでした。私は、この仕事をする限り、このことは忘れることはないでしょう。

9

注文の多い介護者

- 93歳、女性、認知症で要介護5
- 本人による日常的なサービス担当者への暴言、暴力
- 威圧的な介護者との関係づくり
- 信頼構築から見えた介護者の要介護者への「想い」

サービスをフルで利用

川口さん（93歳、女性、要介護5）は、福岡県生まれ。夫と共に関西に出てきて不動産業を営みながら、長女と長男の姉弟を育てました。夫が亡くなり、認知症が発症したのが80歳ころで、長男の家の近くの有料老人ホームに入所しました。しかし、長女と有料老人ホームの介護方針が合わず、2年前に長女が家を改修して川口さんを引き取りました。

川口さんには認知症とリウマチがあります。リウマチの痛みをよく訴え、介助する際にも必ず痛みを訴えます。ほぼ何をするにも介助が必要で、移動は車いす、車いすへの移乗も全介助です。日中はトイレに誘導しますが、失禁もしていて、夜間はおむつで対応です。食事は好きなものは自分で食べますが途中でやめるため、そこからは介助が必要です。お風呂も家では入れず、デイサービスとショートステイで入るだけです。

利用している介護サービスはヘルパーが3事業所、デイサービスが2か所、ショートステイが2か所、訪問看護ステーションと福祉用具のレンタルです。主治医も往診し、訪問歯科も来ています。もちろん区分支給限度額のなかではおさまらず、オーバープラン（保険の枠以上の自費が出ているプラン）になっていました。

今回、2年前から担当していたケアマネジャーが退職することになり、その事業所では担当することができないので、他事業所の私に担当してもらえないかと相談がありました。

暴言、暴力をふるう本人

話だけ聞くと、川口さんはよくある寝たきりの認知症の利用者かと思えそうですが、ところがどっこい、川口さん本人も、介護している長女も超個性的なので私のところに話が舞い込んできました。

はじめに、川口さん本人ですが、まず口が悪い。認知症が重度のため長い会話ができるわけではないのですが、「死ね、帰れ、ボケ」と新しい人にはとことん厳しい。慣れた人でも少し嫌なことがあると大声で「痛い、死んでまえ」と騒ぎます。1つエピソードをあげると、ショートステイを2泊3日で利用する予定で、初日の夜のおむつ交換のときに、川口さんが大声で騒ぎ続けることがありました。同室の利用者から「うるさくて眠れない」とクレームがあり、廊下にベッドを出して対応することになりました。結局、ショートステイの利用は1日で中止になってしまいました。

ただ暴言は慣れるとかわいいもので、本当の問題は暴力の方でした。噛みつく、ひっかく、叩くは日常茶飯事です。車いすやトイレの移乗は全介助なのでしっかりと抱えるのですが、抱える直前にヘルパーの二の腕を思いっきりつねる必殺技を繰りだします。内出血ができるほどの強さです。痛すぎてベッドから落としてしまいそうになるヘルパーもいます。たった1回で「川口さんのところのケアは2度とできません」と言うヘルパーも多数いました。

川口さんの危険性は、排泄や移乗時だけではありません。食事時もかなり危険です。嫌いな食べ物は吐きだし、食べ物を投げつけます。何か気に障るとお茶碗をひっくり返します。食事のとき、ヘルパーは常に危険と隣り合わせです。

ただ、よくサービスに入ってくれているヘルパーのなかには、繰りだされる技をかいくぐりながら、トイレ誘導を1人でこなす強者(つわもの)もいます。でも、そんな強者は少なく、基本的には長女が一緒に介助して手を押さえながらトイレ誘導をしています。もちろんデイサービスやショートステイでは2人介助です。

口調のきつい介護者

川口さんはなかなか大変な人なのですが、慣れると「かわいい」と言ってくれるヘルパーも少なからずいました。デイサービスのうち1か所からは「2人で介助しているとやられなくなりますよ。本人の攻撃をかわすやりとりも楽しいです。最初は大変でしたが、慣れるとかわいいですよ」と言ってもらえて、介護のプロの力量と懐の深さを感じました。

実は本当の問題は介護に積極的な長女でした。長女はまずコミュニケーションがとても難しい。あとで悪気がないとわかるのですが、言葉が一つひとつきついのです。長女からのヘルパーの時間変更の希望調整をしているのに、私が「ヘルパーの変更の件ですが、希望の時間では少し難しいのですが」と話しかけると「何が難しいんですか」ときつい口調で返されます。心の中では「変えてほしいと言ったのはそちらで、無理して調整しているんですけど」と言い返したくなります。オーバープランでもあったので、「来月の予定だと○○円自費になります」と話をすると「高すぎませんか!?」と必ず言われます。結局デイサービスを体調不調などでキャンセルすることがあり、自費の負担分は予定よりは少なめで済むのですが、きつい口調で攻撃されるのかと考えると毎月予定を伝えるときは緊張し、心臓に悪いです。

他にも、事務所の対応についても、私が事務所におらず別の職員が電話を取り、「山内は不在です」と言うと、「困ります。すぐに連絡するように言ってください」と強い口調で言われます。

加えて、長女には感謝の言葉がありません。こちらが無理をしてなんとか調整して「急なショートステイ希望だったので、難しいと言われたのですが、先ほどようやく調整できたと連絡がありました」みたいな感じで話をしても、冷たい口調で「そうですか。それで別の件ですが」と流されてしまいます。お礼を言ってもらいたくてしているわけではなくても、なかなか精神的にこたえます。

注文の多い介護者

長女の言動で大変なのは口調や態度だけではありません。とにかく注文が多く、ヘルパーにしてほしいことも、Ａ４用紙何枚にもまとめて「このようにしてください」と注文します。デイサービスに対しても「おむつのあて方がずれていた」「トイレ誘導の時間が悪い」「食事の摂取量が少ないのはなぜか」など、デイサービスから帰ってきたら連絡帳と本人の様子を見て、すぐ電話を入れます。デイサービス側は、川口さんが家に帰ってから電話がないかと毎回ヒヤヒヤしていたそうです。

また、結構無茶を言ってきて、「今日は体調が悪いのでデイサービスの利用時間を短くしてください」「明日は用事がありお迎えの時間にいないので、日程を代えてください。でもお風呂に入らないといけないので、必ず明後日にしてください」などの訴えをギリギリにしてきます。ただサービス事業所側も長女が怖いので、なんとか無理して調整してくれて成り立っているようでした。

ヘルパー事業所やデイサービスは、長女の対応や、細かな指示と注意に嫌気がさしていて、ケアマネジャーの私には「いつでも他の事業所に代えてもらっていいですよ」と、どの事業所も言っていました。

孫の出産で長男宅へ

担当してしばらくしたとき、長女から、「娘（川口さんの孫）が妊娠したので長期のショートステイを探してほしい」と相談がありました。半年後に1か月ほどお願いしたいという依頼でした。「おめでとうございます。無事に生まれるといいですね」と話しかけると長女には初孫になるそうで、「そうなんです。娘も不安で、付いてやらないといけないと思いまして、母には悪いのですが、少し我慢してもらおうと思っています」と嬉しそうに話していました。正直こんなに嬉しそうな感情を長女から受けとったのは初めてで、こちらまで嬉しくなりました。

出産予定の1か月前、長期のショートステイに入る直前の定期のショートステイで、川口さん本人の介護拒否が強く食事の摂取量が少なかったため、長女から「長期のショートステイをやめたい」と相談がありました。その際に「弟（長男）に預かってもらうようにお願いしているので長男の家での生活ができるようにしてくだ

かかわりのヒント

モニタリング　利用者の情報はいろいろなところから

モニタリングは、本人の継続的なアセスメントと、サービスが適切に行われているか、望む暮らしに向けたケアプランの目標が達成できているかを評価することですが、実際は月1回のケアマネジャーとしての訪問だけでできるものではありません。結局、利用者の情報は、ヘルパーやデイサービスなどの事業所の方がより多く関わっている分、ケアマネジャーよりたくさん持っていることがよくあります。モニタリングの対象は利用者と家族だけでなく、事業所から情報をとることも重要です。また、事業所との丁寧な情報共有は利用者を理解するだけでなく、事業所との関係性も良くなり、チームケアがしやすくなります。本人と家族それぞれの面談と事業所からの情報をすり合わせて、より良い支援につなげていくことが大切です。

さい」と話がありました。

長男に電話をすると、とても丁寧な対応の人で「いつも母がお世話になってありがとうございます。実は、姉に急に言われて困っています。いつも姉がみてくれているのは感謝しているのですが、私もまだ仕事をしていますので妻にみてもらわないといけないので」と話しました。長男宅にいる間も介護サービスを使えることを伝えると、「毎日、朝昼夕のヘルパーによるトイレ誘導とデイサービスでの入浴ができれば、おむつ交換と食事は家族で頑張ってみます」と言われたので、長男宅で1か月暮らすこととなりました。

長男の家は隣の市にあり、川口さんの家から車で30分ぐらいのところです。福祉用具以外の事業所は対応が難しいと言われたので、新たにヘルパーステーションとデイサービスを調整しました。訪問診療の医師も頑張っていってくれることになりました。

私も長男宅に川口さんの様子を見にいったのですが、川口さんも長女宅にいるときとは違い、おとなしくしているようでした。

無事に1か月が過ぎ、川口さんは長女宅に帰ってきました。まったくわからなかったのですが、実は長女は長男が受けてくれると思っていなかったため、孫の世話はできないだろうとあきらめていたところ、長男が受け入れてくれて、とても感謝したそうです。そしてその調整をした私にもとても感謝して、関わって初めてお礼を言ってくれました。

そのときの訪問では、長女の孫の話や、今まで介護してくれなかった長男への想い、戦後の物がなかったときに、父の不動産業を手伝いながら内職をし、自分たちを育ててくれた、気丈な母親に感謝していることなどを聞かせてもらいました。母親への熱い想いが介護のこだわりにつながっていることもわかり、また介護している事業所の人への感謝もあることがわかりました。

今回1か月も頑張ってくれた長男にも感謝していたので、私から長男に、長女が感謝していたことを伝えると「姉は難しいでしょう。でも姉がそんなふうに感謝していたのですね」と驚いていました。このことを機会に、毎月のショートステイと別で2か月に1回は長男宅に泊まりにいくこととなりました。

徐々に弱り、老衰から自然死へ

その後の川口さんはヘルパーやデイサービス職員に数々の暴言・暴力がありましたが、元気に過ごしていました。

97歳を過ぎたころ、全体的に食事量が減り、臀部に褥瘡もできました。褥瘡の処置に毎日訪問看護師が入るのですが、寝ている時間も増えてきていました。

1か月すると言葉も少なくなってきました。だんだん認知機能も低下し、食事が何かわからず、口から出して手で遊んだり、スプーンの使い方がわからなくなるなどの様子がみられるようになりました。長女からは「病院に連れていって治したい」と相談がありましたが、主治医からも訪問看護師からも「ターミナルに近づいている、寿命が来ていると思います」「そのまま家で亡くなるのが川口さんにとって幸せではないですか」と聞かされていました。長女もそれがいいと頭ではわかっているのですが、母親の死と向き合えないようでした。

私は、訪問時には長女の不安を否定せず、長女の言葉をずっと聞き続けました。

川口さんは食事ができなくなり、長女の希望で点滴を5日間することになりまし

かかわりのヒント

注文の多い介護者の要介護者への「想い」を共有する

注文の多い介護者は、要介護者に対して熱い想いがあります。しかし、想いが熱すぎて支援者側が疲弊することが多々あります。さらには要介護者と介護者が共依存関係（お互いに過剰に依存し合う関係）など、関係性が適切でない場合もありますので、その場合も含めて、想いの熱さとその理由を支援者間で共有することが支援チームを作るうえで大切になります。川口さんの支援でも長女の想いをしっかり聞いたあと、各事業所と共有しました。また、長女のコミュニケーションの不器用さも伝え、実は感謝していることも各事業所に伝えました。これ以降、事業所から代えてほしいという要望はなくなり、皆さんも不満を言いながらも「しょうがないな」と一緒に頑張ってくれるチームになったと感じました。

た。その際に、主治医、訪問看護師、私とで長女の家でカンファレンスを行い、5日間の点滴が終わって状態が変わらなければ、点滴も終了しそのまま穏やかに見送りましょうと話し合いました。川口さんは点滴終了から7日目に、文字通り枯れるように穏やかな表情で亡くなりました。

お葬式も終わり数日たったときに、長女の家に最後の挨拶に伺いました。川口さんが若いときの写真を見たり、武勇伝を聞いたりし、肝っ玉母さんだったことを改めて教えてもらいました。長女は終始、涙を流し何度もお礼を言っていました。長女も不器用だったのがよくわかり、みんなで支えることができて本当によかったと改めて感じました。長女は後悔ばかりしているようだったので、私が感じたことを2つお伝えしました。1つは、後悔しない看取りはなく長女は十分に頑張ったこと。「看取った家族は必ず後悔されるんです。何をしてあげていても後悔はしますよ。十分すぎるぐらい頑張られましたよ」と伝えました。もう1つは、川口さんらしい最期であったこと。「川口さんは最期までわがままで、でも憎めなくて、川口さんらしかったですよ。この家で亡くなられたことは、幸せな最期だったのではないでしょうか」と伝えました。すると、長女が、川口さんが亡くなる前日、長女に何も

かかわりのヒント

自然死　枯れるように亡くなる

人の死について、何人かの医師から次のような話を聞きました。「人は亡くなる直前、水分や栄養を身体が処理できなくなる。そのようななか、点滴で水分を入れると足がむくんだり、腹水がたまったりして苦しむ。脱水状態になる。身体はよくできていて、死が近づくと自然と水分を取らなくなり、脱水状態になる。すると脳の中で脳内モルヒネと言われるβエンドルフィンが分泌され気分が良くなる。また、食べられなくなり低栄養になると、血中のケトン体が増え意識がもうろうとする。死が近づくと、栄養を吸収できなくなり、最後は徐々に傾眠状態が増え穏やかに亡くなることができる」――草木が栄養と水分が行き届かなくなり枯れていくように、人間も徐々に水分と栄養が行き届かなくなり枯れるように亡くなるのが、理想的な自然な死なのかもしれません。

言わずに目をつむって手を合わせてくれたと教えてくれました。最期までかっこい川口さんでした。

10

在宅継続の限界を超え、死が2人を分かつまで一緒にいることができた姉妹

●91歳と89歳のともに認知症の姉妹
●姉に暴力をふるう妹
●妹の被害妄想と姉の混乱による近隣トラブル
●地域がつながるきっかけをつくった姉妹への支援

私の地域活動の原点になった2人

現在私は、兵庫県介護支援専門員協会の会長や宝塚市地域包括ケアシステム研究会の代表世話人など、いくつかの地域活動の団体の運営に携わっています。今から紹介する姉妹は、私が、このような「地域での活動」をしようと考えだしたきっかけになった人々です。今の私がいるのはこの2人のおかげかもしれません。

今回の主役は、上尾正子さん（91歳、女性、要介護2）という、重度の認知症で右を向いて左を向くとさっきのことも忘れてしまう姉と、良子さん（89歳、女性、要介護1）という、パーソナリティ障害で被害妄想もあり、人との関係をすぐに切りたがる、関係性の構築の難しさが特徴的な妹の2人姉妹です。

90年間一緒の姉妹

姉の正子さんは人あたりが良く、社会性があり、しっかり者のお姉さんでした。妹の良子さんは、人と付き合うのが苦手で、内向きなところがありますが、お金のことや家事などはきっちりしていました。

2人は温泉街にある「モナカ屋」に生まれ育ちました。子どものころから姉妹でお店を手伝っていたそうです。正子さんは若いころ少しだけ温泉宿の仲居として働いていたり、数か月だけの結婚歴もありましたが、それ以外はほとんど実家で暮らしてきました。良子さんはまったく実家から出たことがなく、モナカ屋の手伝いを続けてきました。2人が30代のころ、父親が亡くなり、その後は母親と姉妹2人で店を経営してきました。母親が身体を壊してからは正子さんが接客、良子さんがモナカづくりと2人で協力しながら、お店を守ってきました。

50歳半ばのころ、大型の台風による土砂崩れで自宅兼モナカ屋が倒壊してしまいました。少ない荷物と店の道具等をもって親子3人で、店から駅1つ分ほど離れた住宅街に引っ越したのが今の家です。その後、自宅の1階を改装してお店に変え、モナカ屋を続けてきました。そこで母親を看取り、両親共に兄弟がいなかったため、身寄りが誰もいなくなったそうです。70歳になったころ、経営的にもお店を続けるのが難しくなり、モナカ屋を閉じました。その後、2人で足して10万円という、少ない年金と、今までの貯金を崩しながら、なんとか生活を続けていました。

90年間ほとんど一緒に暮らしてきた姉妹でした。

正子さんが認知症になり支援が始まる

2年ほど前から、姉の正子さんに認知症状が出始め、近隣住民や民生委員から地域包括支援センターに相談が入りましたが、本人たちが支援を拒否し、介護保険にもつながっていませんでした。半年ほど前に良子さんが心不全と肺炎で体調を崩したことから、地域包括支援センターの介入で、姉妹ともに介護保険の申請をすることになり、正子さんは要介護2、妹の良子さんは要介護1の認定がでました。

当初は認知症のある正子さんのサービスとしてヘルパーとデイサービスの支援が始まりましたが、良子さんが、人が家に入るのが嫌なのと被害妄想もあり、「ケアマネジャーがお金を狙っている」「姉がおかしくなっているのはヘルパーのせい」「デイサービスの職員はひどい対応」などの訴えが続き、ケアマネジャーの交代やヘルパーの中止、デイサービスの変更などが何度も続いていました。

そのようななか、良子さんから地域包括支援センターに何度めかのケアマネジャー交代の希望があり、次の担当ケアマネジャーとして私に白羽の矢が立ちました。

２週間でケアマネジャー「クビ」

初回訪問は地域包括支援センターの職員と同行し、１階の元モナカ屋のイートインスペースで正子さん、良子さんと面談しました。

私が挨拶したあと、良子さんは「わざわざ来ていただいてありがとうございます。あの前のケアマネさんは怖い人やった。最初からお金のことばっかり言いはって、しまいには家を売ったらいいと言いはりますねん。ここを売ってお金を自分のものにしようとしてはったんやと思います。あの人のことを考えると怖くて夜も寝られません。もう来ませんのやろなあ」と矢継ぎ早に、前のケアマネジャーへの被害妄想を話しました。また自分の頭を指で差しながら、「あねさんの頭が治ったらいいんやけど。ほんま困ってます。お金がない、ものがない、言うて騒ぎますねん。毎日ケンカしてます。どないしたらいいですやろ」と話します。正子さんに声を掛けると「なんやさっぱりよくわかりませんの。なんにもできやしませんがよろしくお願いいたします」と言いながらも良子さんが自分のことを悪く言っているのはわかるようで、嫌そうな顔で良子さんを見ていました。

とりあえず楽しく会話ができ、関門だった良子さんの受け入れは良い形となり、ケアマネジャー交代の了承を2人から得られ、支援を開始することになりました。

しかし、関わって2週間ほどで地域包括支援センター職員から連絡がありました。良子さんが、民生委員にケアマネジャーを代えたいと言ってきたようで、1度、地域包括支援センター職員が良子さんに事情を聞きにいってみるという内容でした。正直、初回の面談ともう1度訪問しただけでしたし、受け入れもまったく問題ないように感じていたので、青天の霹靂（へきれき）というか、驚いたとしか言いようがありませんでした。このときはわかりませんでしたが、あとから思うとたったの2回での距離感が、こちらが思うより、良子さんにとっては親しくなりすぎたのだと思います。

地域包括支援センター職員が訪問すると、良子さんが言うには「男の人はあかん。それにあの人は怖い。笑ってばっかりで本当は何を考えているのかわからん。お金を狙っている気がする」といった内容で、具体的な問題は何も訴えませんでした。

かかわりのヒント

スーパービジョンの効用①

ケアマネジャーが支援しているなかで、モヤモヤしてしまうケースがあるかと思います。特にクレームが来て自分から別のケアマネジャーへ交代となったケースなどは自分の中で納得できないまま終了することもよくあります。そういうときは、スーパーバイザーのスーパービジョンを受けるのが有効です。近くにスーパーバイザーがいない場合は、事例検討会にそのケースを提出して振り返るのも１つの方法です。サポーティブで安心して事例を提出できる事例検討会であれば一緒に振り返り、自分ができたところや改善したほうが良いところを見つめなおすことができ、考えと気持ちの整理ができるでしょう。

地域包括支援センター職員は、良子さんに次のケアマネジャーはすぐ見つからないので少し時間をほしいと伝えて帰ってきました。

正直、2回の訪問で「クビ」になり、交代になった理由もわからない状態だったので、なんとも言えない嫌な気分でした。はっきりとした失敗をしたほうが、落ち込みも大きいですが立ち直れるものだと思ったのを覚えています。

良子さんの入院によりケアマネジャー継続へ

地域包括支援センター職員から「クビ」を聞いて、3日後、良子さんが肺炎で入院したという連絡がありました。地域包括支援センター職員は、「正子さんは、1人暮らしは到底できないので、取り急ぎショートステイを山内さんで調整してほしい」と言われました。

「クビ」になったところだったので、複雑な気持ちではありましたが、今届け出ている事業所は私の事業所なので、これはかりはしょうがないと思い、正子さんのショートステイの調整をしました。

その調整中に、良子さんが入院した病院からも呼びだしがありました。良子さんが正子さんのことを心配して騒いで手に負えない、ケアマネジャーがなんとかしてくれと言った内容でした。正直、「私でいいんですか?」と思っていましたが、良子さんの担当で届け出しているのも現時点では私なので、あきらめて病院にいき、良子さんと面談しました。

良子さんには私から、以前の訪問時の対応が悪かったのであれば申し訳なかったと、面談してすぐに謝罪しました。すると、良子さんは「私が悪かったんです。あねさんをちゃんとしてくれはったんですね。ありがとうございます。許してください。あんたを代えてと言ったんは間違いやった。ごめんなさい」と涙を流して謝ってくれました。「クビ」がまたつながった瞬間でした。

こうして、上尾姉妹のケアマネジャーを継続していくこととなりました。

姉を叩く妹

良子さんの入院の理由は、栄養失調と肺炎でしたが、少し体調が戻ると、「看護師が怖い。家が心配。今すぐ退院する」と言ってききません。病院も肺炎が完治していないため、もう少し入院の必要があると判断していましたが、本人が望むのならと退院の方向で調整となりました。私は良子さんと相談し、正子さんのショートステイを継続することにしました。先に良子さんが退院し、良子さんの在宅生活のためにヘルパーを調整することにしたのです。そして、良子さんは退院しました。1週間ほどして正子さんもショートステイから無事帰ってきて、2人暮らしが再開されました。

2人での在宅生活ができて良かったと思っていたのもつかの間、1か月ほどたったある日、正子さんの顔に内出血の痕があるとデイサービスから連絡がありました。どうやら良子さんが正子さんを叩いているようでした。

すぐ虐待の疑いで地域包括支援センターに報告し、理由はわからないように、それとなく地域包括支援センター職員と一緒に家を訪問し、良子さんと話をしました。すると、良子さんは、正子さんが何を言ってもまったく覚えておらず言うことを聞かないので、正子さんを杖や孫の手で叩いているのだと自分で言うのです。良子さんからすると「叩いてやらないとわからない」そうです。もちろん叩いてはいけな

かかわりのヒント

スーパービジョンの効用②

私たちは、つい自分の偏った見方で支援をしてしまいがちです。自分の実践が独りよがりになっていないか、適切な支援になっているかなどを確認するためにスーパービジョンが必要です。利用者にとっても、実践のなかで振り返りながら適切に支援を考えてくれるケアマネジャーに担当してもらう方がいいはずです。スーパービジョンの効用はそれだけではありません。個別性が高い支援のなかから大事な部分を抜き出し、他のケースにいかせるようになったり、支援に疲れた気持ちを和らげたりする機能もあります。灯台が闇夜を進む船の道しるべとなるように、スーパービジョンや事例検討会がケアマネジャーの支援の道しるべとなります。私たちは、灯台の灯りを頼りに実践力を高め、その先にいる利用者の幸せな未来に向かい成長していくことが大切です。

い話をしますが、全然受け入れません。

叩くようになったのは、良子さんの体力が落ち、自分でできないことが増えたことで、身体は元気な正子さんにお願い事が増えたのが原因のようでした。なんとかサービスを増やして、良子さんと正子さんの負担を減らしたいと思うのですが、経済的に厳しいので、自己負担が増えると困る良子さんはサービス導入を拒みます。

それでも、なんとか説得してヘルパーを少し増やすのと、2人が離れる時間を作るために、正子さんのデイサービスの回数も1回増やしました。しかし良子さんが叩くのは治まらず、2か月に1回ぐらいのペースで、正子さんにあざが見つかる状態になっていきました。ひどいときは頭から血が出るほどのケガで病院受診をしたこともありました。それでも正子さんは覚えていないし、良子さんのことが怖い様子もまったくありませんでした。

時間とともに、良子さんから正子さんへの攻撃はエスカレートしていきました。夜中にケンカになると「家から出ていけ」と、正子さんを家から追いだして、玄関に鍵をかけてしまうようになりました。さらに、家から追いだすのは正子さんだけでなく、正子さんの布団、そしてなぜかいすや扇風機まで放りだすようになりました。正子さんは追いだされると夜中でも近隣に「助けて」とチャイムを押すため、近隣の人から警察に通報となり、結局、私が呼ばれることもしばしばありました。

ひどくなる被害妄想と成年後見制度の利用

良子さんの攻撃性は、近隣への被害妄想へと進んでいきました。「隣の人がお金を取った。向かいの人が勝手に家に入っている」という訴えを日々繰り返すようになりました。被害妄想の対象のなかには、私も入っていて、「ケアマネジャーがお金を取っている」と民生委員に訴え、再び「ケアマネジャーを代えてくれ」と訴えることも出てきました。

そんな相談をする民生委員に対しても被害妄想があり、少し関係が深くなると不安になり、関係を切ってしまう良子さんの難しさが見えてきました。

私は良子さんが「ケアマネジャーを代えてほしい」と言ってくると、1対1で話をするようにしていて、今、良子さんは何が不安なのかを真剣に聞き、私が姉妹を本気で心配していることを真摯に伝えるようにしました。すると「悪かった」と言って最終的に関係が切れることはありませんでした。

主治医も精神安定剤を処方したり、ヘルパーやデイサービス、民生委員や地域包括支援センター職員など、関係機関全員で良子さんに対して丁寧な声掛けをするようにして、チームで支えていることを伝えながら、支援をしていきました。

それでも、近隣から民生委員や地域包括支援センターにクレームは続き、「夜中に正子さんにチャイムを鳴らされて困っている」「昼間追いだされてウロウロしている正子さんを見つけた」「お金を取ったと塀越しに怒鳴られた」などと、いろいろな形でクレームが入るようになりました。近隣の人からは「もう2人での生活は無理じゃないですか」とか、「私たちもいつまでも我慢はできません」などの意見が聞こえるようになってきました。

市役所の権利擁護担当職員と地域包括支援センター職員、そして権利擁護支援センター職員とで、姉妹の権利擁護支援（適切な判断ができにくくなっている人の自由と権利を守る支援）のための話合いを何度も繰り返しました。良子さんから正子さんへの暴力が続いているなか、権利擁護支援の関係者だけでなく、ヘルパーやデイサービスの人も含めた関係者全員が、どこかで2人が別々に暮らさないといけな

かかわりのヒント

成年後見制度の申立て

成年後見制度を利用するための申請ができるのは、本人か、配偶者を含む４親等内の親族です。申立てができる親族がいない場合、市区町村長が家庭裁判所に申立てをすることができます（市長申立て）。上尾さん姉妹の場合、正子さんは明らかに判断能力に欠けるため、申立てをすることができません。良子さんであれば、できなくはないかもしれませんが、今回は説明しても理解が難しく申立てにつながりませんでした。それでも、やはり成年後見人が必要となったため、市長申立てを行うことになりました。今回のケースでは地域包括支援センターと市の権利擁護担当者が動いてくれました。成年後見制度の利用には、こうした機関とつながっていくのが大切です。

いときが来るだろうと思っていました。ただ、話合いのなかで、私を含めて関係者みんなで、今はまだ、2人を分けることはできないだろうという意見となり、クレームが来たら地域包括支援センター職員と私とで、そのクレームがあった近隣の人に丁寧な説明をしに訪問して回りました。

2人が別れて生活するときには、正子さんが施設入所になる確率が高いことと、現時点でも良子さんの金銭管理が怪しくなってきていることもあり、成年後見人を付ける動きも進めてきました。

何度も良子さんに、「正子さんに成年後見人を付けましょう」と話をしてきましたが、結局お金の話になるため拒否となりました。申立てを代理してくれる司法書士を連れて顔を合わせる作戦も行ったのですがこれもまったくだめで、最終的には市長申立てで2人とも成年後見人を付ける流れとなりました。

良子さんが心不全で入院

そんななか、生活が大きく変わる事件がありました。良子さんの入院です。ある日ヘルパーが訪問すると左手がパンパンに腫れていました。驚いたヘルパーはすぐに主治医に連絡し、蜂窩織炎(ほうかしきえん)の治療のため入院となりました。その際、肝硬変により胸水と腹水がたまっていることがわかり、さらに心不全もあり酸素吸入する状態となりました。1週間もしないうちに良子さんは「帰りたい。早く帰らせて」と強く訴えるようになり、結局完治しないまま、在宅療養することになりました。点滴治療も必要な状態のまま寝たきりで帰ってきたため、主治医も訪問診療に切り替え、訪問看護師とヘルパーも毎日来るようになりました。

良子さんは帰ってこられたことを喜んでいたのですが、一番混乱したのが正子さんです。良子さんがベッドから起きられないことが理解できず、手を引っ張って起こそうとします。起きなければ「良子がしんどがっている。死んでしまう」と外に出ては、近くを歩いている人に声を掛けたり、昼夜問わず近隣の家のチャイムを鳴らして「なんとかしてください」と助けを呼ぶようになりました。

近隣住民もたまったものではありません。地域包括支援センターに「なんとかしてくれ」と頻繁にクレームが続くようになりました。そこで、主治医、訪問看護師、ヘルパー、地域包括支援センター職員、市権利擁護担当者、また、選任された成年後見人も一緒に何度も話し合いました。

そのような話合いを続けている最中に、良子さんの体調が急速に悪化してきました。両足に潰瘍ができ、そこからの感染による発熱が続くようになりました。

今後の支援について、関係者で話合いを行いました。主治医からは、短ければ余命1か月ぐらいかもしれないと話があり、良子さんに入院してもらい、足の治療をしてもらうことになりました。もちろん良くなれば帰ってこられるけれど、難しいかもしれないことも想定していました。

良子さんへの説得は主治医と私です。良子さんは泣いて嫌がりました。「ここでこのまま死ぬ」「なんもせんでええ。置いといてくれたらええです」と話し、泣いてすがられるとはこのことだと、とてもつらくなりました。ただ、良子さんも発熱と栄養失調により、かなりつらい状況なのは確かで、私から足の治療は在宅では限界があるため入院しないと治せないこと、正子さんがこのままでは精神的に持たなくなることを何度も伝え、最終的には、良くなったらすぐ帰ってくることを条件に入院を受け入れてくれました。介護タクシーで病院に一緒にいったのですが、車中で良子さんから何回も「帰ってこられる?」「あねさんは大丈夫?」と聞かれ、「帰ってこられるよ。正子さんもショートステイにいったから大丈夫だよ」と手を握りながら話しました。心の中で、「このまま帰ってこられないかもしれないけどいいのだろうか。だましているのではないか」と自問自答している自分がいました。

カンファレンスを経て退院へ

入院した良子さんですが、せん妄が出てきて、夜中に「あねさん、どこ？」と叫んだり、昼間も「家に帰る。帰して」と泣き叫びました。病院からも、良子さん本人からも、毎日のようにケアマネジャーの私に病院に来てほしいと連絡があり、その都度訪問して対応しました。

正子さんもなぜか良子さんの体調が悪かったことは覚えていて、「良ちゃんどこ？」とショートステイの各部屋を回ったり、スタッフに「良子が大変なんです。知りませんか」と繰り返し尋ねていました。私はショートステイにも顔を出しましたが、正子さんが私を見ると「良子は大丈夫でっしゃろか？」と聞いてきてどこまで覚えているのか不思議に思ったのと、２人の結びつきをこれ以上なく感じました。

「なんとか最期を一緒に過ごさせてあげたい」。私の心の中では、この気持ちでいっぱいになってきたのでした。

私はずっと一緒に関わってくれている地域包括支援センター職員と成年後見人、主治医に2人の様子を伝えました。そのうえで本人たちの「2人で一緒にいたい」という思いをかなえることができないものなのか相談しました。皆さんも、一緒にいさせてあげたい思いは一緒だったようで、いろいろと大変なことが起こるかもしれないけど、在宅看取りをみんなでやってみようという話になりました。

それからは、もちろん2人にも再度意向を確認したうえで、退院に向けサービスを調整しました。退院がおおむね決まったところで、病院の会議室を借り、退院カンファレンス兼サービス担当者会議を開催しました。

参加者は良子さん、病院担当医、病棟看護師、病院の医療ソーシャルワーカー、在宅主治医、在宅クリニック看護師、訪問看護師、訪問介護ステーション2か所のサービス提供責任者、正子さんのショートステイ相談員、ショートステイ看護師、福祉用具専門相談員、成年後見人、市役所権利擁護担当者、権利擁護支援センター職員、地域包括支援センター職員、民生委員、2人の民生委員協力員、ケアマネジャーで総勢20人を超える会議でした。あとにも先にもこんなに大勢集まって行ったサービス担当者会議はありません。

病院で良子さんに「良子さんのために集まったんですよ」と話をすると、良子さんも驚き、「すんまへん。ありがとうございます。帰れるんやね。あねさんは大丈夫ですか？」と話し、正子さんも元気で一緒のタイミングで帰ってきますよと伝えると、「あねさんに会いたいわ」と涙を流しました。

良子さんには皆さんの協力や地域の人の協力がないと生活ができないことを伝え、人がたくさん来ることをしっかりと説明したうえで納得してもらいました。良子さんは反対せず、感謝の言葉ばかりでした。良子さんが病室に戻ったあと、残った関係者で近隣の人への対応や緊急時の対応についての話合いをしました。病院も何かあればいつでも受け入れると言ってくれて、緊急時のリスクマネジメントもできました。今できる限りの在宅看取りに向けての調整をしたうえでの退院となりました。

家で２人が再会したときは、今まで会えなかった不安やつらさが続いていたからか、とても感動的でした。２人は顔を合わせた瞬間「あねさん」「良ちゃん」とお互い呼びかけ、良子さんは、「あねさん大丈夫やった？どこも悪くない？」と心の底から会えて嬉しかったのと心配している様子で、正子さんも、「良ちゃん大丈夫？どうしたん？」と車いすになっていることにびっくりした様子ながらも、良子さんを心配して声を掛けていました。正子さんは私たちに「すんません。良子どうしたんですか？治りますか？私どうしたらいいですか？何かできることありますか？」となんとかしてあげたい一心で周囲に聞いて回っていました。やっぱり正子さんは認知症になっても、妹思いのしっかりしたお姉さんでした。2人を見ていると、お互いが思い合い、お互い一緒にいることが心から嬉しい様子が伝わってきて、2人のつながりは分かつことのできないものだったと感じられました。私は心の底から「これで良かった」と思うことができました。

良子さんは寝たきり状態で自宅に戻ってきたこともあり、以前のようなサービスの拒否や、正子さんへの攻撃もなくなり、穏やかに過ごすようになりました。病院の医師からは余命1か月ぐらいと言われていましたが、食事も病院よりしっかり食べることができたことで栄養状態も改善し、両足の潰瘍と発熱は続いていたのですが、体調を大きく悪化させることなく過ごすことができました。

体調が落ち着いていたこともあり、近所の桜が満開のときに、姉妹で一緒に花見にいくこともできましたし、何より毎日、ヘルパーや頻繁に訪問してくれる民生委員、民生委員協力員とも笑顔で話しながら、穏やかに過ごすことができていました。いつも被害妄想で文句を言っていた良子さんとは思えない穏やかさでした。

正子さんは、良子さんとは対照的で、良子さんが寝たきりなことが理解できず、昼も夜もなく近隣へ訴えにいくことが続いていました。特に隣と向こう3軒は夜中も含め1日複数回チャイムを鳴らしていたので、お詫びかたがた、その近隣の人には週間サービス予定表を渡し、ヘルパーと看護師の訪問時間を正子さんに伝えてもらうようにお願いしたりもしました。

それでも正子さんは良子さんにご飯を食べさせたり、一生懸命世話をしようとしていて、本当にそれぞれがかけがえのない2人なのだと感じる日々でした。

正子さんの混乱による近隣トラブルと地域ケア会議

3か月を過ぎたころから、良子さんは足の潰瘍が悪化してきました。さらに足の浮腫がひどくなり、足全体から浸出液が出てくる状態となってきました。発熱も続いており、全身状態もどんどん悪くなっているようでした。良子さん本人もかなりつらくなってきているようでしたが、絶対入院しないと言い切り、このままここで死にたいとはっきり言うようになりました。主治医も一緒に関係者で集まり、最後まで在宅看取りを支えていくことを何度も確認しながら進めていきました。

良子さんの体調の悪化にともない、正子さんの近隣への訴えは激しくなっていきました。深夜に助けを呼ぶために外出してしまい警察に保護されたり、夜中に窓を開けて「誰か、助けて」と叫んだりしました。近隣からのクレームの声も大きくなり、このままでは近所の人は持たないと民生委員から相談がありました。

そこで主治医と、成年後見人、市役所権利擁護担当者、権利擁護支援センター職員、地域包括支援センター職員、民生委員とケアマネジャーの私で話合いを行いました。主治医から、もう長くて1～2週間だと言われたのもあり、関係者みんなで、ここまで来たら最期まで家で、2人で過ごさせてあげたいという結論となり、まだあまり広まっていなかった地域ケア会議を開催して、地域の人々に在宅看取りへの理解を進めることにしました。

地域ケア会議は次の日曜日に行うこととし、地域の住民で参加できる人はできるだけ来てもらうように声掛けしていくことにしました。地域の自治会にも相談し、自治会全体に声掛けしてもらえることになったことに加え、説明も兼ねて近隣の家1軒1軒に地域包括支援センター職員と私とで訪問し、説明文を配り、参加を呼びかけました。当日は20人以上の住民が参加することになりました。

地域ケア会議では、上尾さん姉妹の状況を地域包括支援センター職員から説明し、妹の病状と姉の認知症の状態を主治医が話し、妹の思いや支援の内容を私や成年後見人から話をし、地域の皆さんの理解と見守りで看取りを行いたいことを伝えました。会議が始まったときは、病院と施設にいってほしいという声が大きかったのですが、自治会の会長や役員の人から、昔は近所で葬式をした話や、自分たちも家で亡くなれるのはありがたいという話が出てきて、最終的に参加してくれた全員が見守りに協力しますよと言ってくれました。

この日を境に、近隣の人がひっきりなしに良子さんの見舞いに来てくれるようになりました。近所の人の多くはモナカ屋時代のお客さんでもあり、モナカの話を姉妹にしたりしながら、昔話に花を咲かせていました。民生委員も食事の手伝いに毎日来てくれたり、近所の人が正子さんと一緒に家事をしてくれたりと、地域みんなで関わり支えていて、正子さんも良子さんも始終感謝の言葉を言っていました。

この地域ケア会議の1週間後に、良子さんは自宅で正子さんと民生委員、主治医と訪問看護師、ケアマネジャーの私もいるなかで、みんなに見守られ、亡くなりました。夜中の2時でした。

良子さんの死

良子さんが亡くなった後は、看取ったみんなでエンゼルケア（ご遺体をきれいにする作業）を行いました。そこにいる全員が口々に「本当に良かったね」と言っていたのが印象的でした。

朝になると良子さんは納棺されました。貯金もほぼ尽きていた2人は少し前から生活保護を受給していたので、葬儀のお金もなく、ただ火葬をするだけだったのですが、葬儀屋が持ってきたのは小さな花束のみで、ひつぎは寂しい感じでした。すると、民生委員から亡くなったことを聞いた近所の人々が自分の庭から花を切って持ってきてくれて、ひつぎいっぱいに入りきらないぐらいの花で埋め尽くしてくれ

かかわりのヒント

インフォーマルサポートはもともと持っているもの

ケアマネジャーはよく研修などでインフォーマルサービス（介護保険外のサービス）をケアプランに組み込みなさいと言われますが、介護保険以外のサービスを無理やり入れることがその人への本当の支援になるのでしょうか。私は、そもそもインフォーマルサービスではなく、インフォーマルサポート（公的でない支援）という方が適切で、さらにいうとインフォーマルサポートは今までの本人の人間関係に他ならないと思っています。介護が必要になってから無理やり新たな関係性を作り、プランに組み込むより、今までの人間関係を大事にした支援を組み立て、プランに載せる方がよほどその人らしい生活のためのプランになります。良子さんのプランにも民生委員や近所の人の支援を載せていて、一緒に話し合うことで支える仲間となっていきました。

ました。家から出るときには主治医も診療を止めて駆けつけてくれて、近隣の人も含め20人以上で霊柩車を見送りました。私は正子さんと一緒に火葬場にいったのであとで聞いたのですが、近隣の人々は見送ったあとも口々に家で亡くなることができて良かったねと話していたそうです。

主治医からのメール

良子さんが亡くなった次の日、主治医からメールをいただきました。あまりに感動して、読みながら涙が止まりませんでした。ここに、主治医からのメールをそのまま載せたいと思います。

「山内さんへ

いいお見送りでしたね。

実は、今日の夜、大学の先輩が亡くなり、お通夜がありました。

立派な会館で、多くの参列の人がある、立派な式でありましたが、それにも引けをとらない、良いお見送りでした。

ケアマネさんがよくやった。ヘルパーさんがよくやった。地域の民生委員さんがよくしてくれた。

みな口々に、誰々さんがよくやったと、みなさんのかかわりを讃えておられます。

誰か1人が頑張ったわけではない、皆がそれぞれの立場で努力した、見守った。

だから、なんとなくうまくいき、最期はとっても良い締めくくりとなった。

見方を変えれば、変に家族が居なかったことも、逆に良かったのかもしれない。

こんな状態で自宅に置いておくなんてと文句を言う人もいない。

もう入院させなければという家族もいない。

だからそれぞれの専門職が、思い切りやりたいようにそれぞれ努力した。

その結果、なんとなくうまくいき、最期はとっても良い締めくくりとなった。

とは言っても、やっぱり全体をコーディネートする人の力は大きい。
今回の上尾さんの件においては、やっぱり山内さんの働きは大きいと思います。
事前の準備、根回し力、周囲への気配りと頭を下げる勇気と、逆に押しの強さ、ケアマネ力全開、といったところではないでしょうか。

益々のご活躍をお祈り申し上げます。

地域の人にとっても貴重な経験だったと思います。
上尾さんは地域をつないだとも言えますし、山内ケアマネは地域力を発掘したとも言えるかも。

私たちも良い経験をさせていただきました。
今後とも、よろしくお願いいたします。

今井信行」

地域を作った2人

その後、正子さんはショートステイから特別養護老人ホームに入所になりました。私は正子さんの担当ケアマネジャーではなくなったので、会いにいく必要もなかったのですが、入所後も毎月会いにいって話をしました。正子さんは、良子さんが入院中に「良子どこ?」と探していたときのことを思うと考えられないのですが、なぜか不思議と良子さんが亡くなったことはわかっていて、「良子は亡くなったからね。私はまだですわ」と良子さんを探すことなく、穏やかに過ごしていました。

正子さんは、良子さんが亡くなって1年後に肺炎で亡くなりました。

良子さんの死後、自治会の会長を中心に、地域での高齢者の見守り活動が始まりました。自治会の役員の皆さんは、「この地域で暮らし続けて、病院でなく自宅で亡くなれるのは幸せなことだ」と口々に言いました。「上尾さんでも家で亡くなることができたんならわしらも家で亡くなれるやろ」と言い、上尾さんと私たち医療・介護関係者に感謝していると言ってくれました。さらに自治会で看取りの勉強会を定期的に開催するようになりました。ちなみにこの講義は、上尾さん姉妹の主治医が話をしてくれました。認知症の勉強会も開かれ、私を講師に呼んでくれました。

上尾さん姉妹は、わがままで周りを振り回し続けたかもしれませんが、地域に根差し、地域の中で生きてきました。良子さんが、自宅で亡くなりたいと願ったことから、地域のつながりが広がるという経験は、私にとってかけがえのないものとなりました。

上尾さん姉妹は、介護保険を利用し、要介護者として支援される人たちだったのかもしれません。でも支援される側だった2人に、私たち医療・介護関係者も、そして地域住民も含めた多くの支援する人たちが育てられたと思っています。

地域での支援について、国は「2025年に向けて、地域で高齢者を支えていくために、地域包括ケアシステムを中学校区単位で作りましょう」とよくわかりにくい言い方をしていますが、つまるところ地域包括ケアシステムとは、上尾さんの地域のようにみんなで支え合える地域を作ることだと、私は思っています。しかも、行政に任せっきりや、偉い人が集まった会議で話すシステムだけでは血の通った支え合いの地域にはならなくて、上尾さん姉妹のような一人ひとりの思いから地域が作られることが大切なことなのだと思っています。

上尾さん姉妹に教えてもらったのは、自分がこの仕事をするなかで、社会が良くなることに関わることができているのだということでした。私自身は、自分ができることはそんなに多くないかもしれませんが、できることを精一杯やっていきたいと思っています。

１人の力は小さくても、少しずつ集まれば大きな力になり、優しく、温かい、最期まで自分らしく生きられる、そんな地域がこの国のあちこちにできる。それを強く願っています。

著者紹介

山内　知樹（やまうち　ともき）

1975年生まれ。みつばウェルビーイング株式会社代表取締役社長。

大学で土木工学を学んでいたときに、阪神淡路大震災で自宅が全壊。人と関わる仕事をしようと大学を中退し、ボランティア活動をしながら、1998年からホームヘルパーとして働き出す。施設介護職を経て、居宅介護支援事業所、地域包括支援センターの管理者、在宅部門統括責任者などを歴任。2018年に起業し、居宅介護支援事業と訪問介護事業の会社経営を行いながら、自らもケアマネジャーとして活動する。

主な役職は、一般社団法人兵庫県介護支援専門員協会会長、宝塚市ケアマネジャー協会会長、宝塚市地域包括ケアシステム研究会代表世話人など。

大のラーメン好きで、妻、子供3人とラーメンを食べに行くのが楽しみ。趣味はクラシック音楽鑑賞で、時々吹奏楽団で楽器演奏（テューバ）もしている。

サービス・インフォメーション

通話無料

①商品に関するご照会・お申込みのご依頼
TEL 0120(203)694／FAX 0120(302)640
②ご住所・ご名義等各種変更のご連絡
TEL 0120(203)696／FAX 0120(202)974
③請求・お支払いに関するご照会・ご要望
TEL 0120(203)695／FAX 0120(202)973

●フリーダイヤル(TEL)の受付時間は、土・日・祝日を除く9:00〜17:30です。
●FAXは24時間受け付けておりますので、あわせてご利用ください。

「難しい」と感じるケースに直面したら、何をする？
ベテランケアマネジャーのひきだし
ー実践事例からわかる現場対応のヒントー

2023年７月15日　初版発行
2024年５月25日　初版第２刷発行

著　者　山　内　知　樹

発行者　田　中　英　弥

発行所　第一法規株式会社
〒107-8560　東京都港区南青山2-11-17
ホームページ　https://www.daiichihoki.co.jp/

装　丁　安　藤　剛　史

装　画　千　葉　智　江

ベテマネ事例　ISBN 978-4-474-09171-9 C2036（0）